KB212761

불교경제학

무엇이 우리를 행복하게 하는가

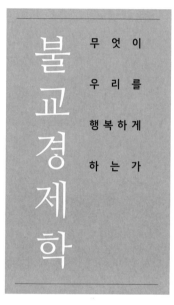

무엇이
우리를
행복하게
하는가

불교경제학

술락 시바락사 지음 | 이정민 옮김

정토출판

진리와 선과 아름다움에 대해 분명한 비전을 지녔던

영국의 불교 박애주의자

모리스 앤서니 애쉬 Maurice Anthony Ash,

그리고

평화와 정의를 위한 비폭력 투쟁에 평생을 헌신했으며

멋진 유머감각의 소유자였던

미국의 퀘이커교도 릴리안 윌러비 Lillian Willoughby에게

이 책을 바칩니다.

이 책의 한국어 출간을 도와준 정토출판사에 감사를 드립니다.
특히 나의 오랜 도반 법륜스님께 감사를 전합니다.

'도반'이란 내가 듣고 싶어 하지 않는 진실도 기꺼이 말해주는
'정신의 벗'이요, '영적 친구'를 말합니다. 이것이 도반의 진정한
의미입니다. 나는 모든 사회에 이런 역할을 하는 개인이나 시스
템이 꼭 필요하다고 생각합니다. 이들이야말로 우리가 자신의
약점을 제대로 이해하고 더 높은 영적 각성을 향해 삶의 태도와
방식을 개선해 나가도록 해주기 때문입니다.
　나는 한국의 독자들에게, 불교도가 아니더라도, '무엇이 우리를
고통스럽게 하는가' 라는 질문을 던져보기를 간절히 권합니다.

　세계화 시대의 다원주의·다문화 사회를 사는 우리는 오늘날
많은 도전에 직면해 있습니다. 이런 때에 어떻게 하면 보다 정의
롭고 조화로운 사회를 향해, 평화와 인간존중을 향해 나아갈까
요? 나는 자비야말로 우리 인류의 생존에 가장 핵심이라고 말하

고 싶습니다. 온갖 가치와 문화, 생활방식, 평가와 전망이 공존하는 이 시대에 자비는 가장 필요한 덕목입니다.

자비는 비폭력과 지속적인 대화에서 비롯되며, 다양성을 긍정합니다. 우리는 차이를 장애가 아닌 귀중한 자원으로 보아야 합니다. 다양한 목소리를 인정한다는 것은 북반구와 남반구, 기독교와 불교 같은 각 집단 혹은 개인이 독백을 멈추고, 객관성과 민주적 참여로 나아간다는 것입니다.

연대의 구성요소로서 인간 존재의 다양성을 발견함은 인간 삶의 새로운 토대를 여는 것이요, 지역적·세계적 차원에서 공동체를 민주적으로 만들어 나가는 일입니다. 세계 시민사회의 연대 활동은 국경, 종교, 문화, 민족을 넘나들며 패권을 휘두르는 국제 관리체제의 정당성에 의문을 제기해 왔습니다.

자비심을 갖는다면, 또한 억압자를 미워하는 대신 진정으로 구조적 폭력을 이해한다면, 우리는 사회가 처한 고통을 비로소 극복할 수 있을 것입니다.

한국에 있는 모든 도반의 행운을 빌며

술락 시바락사
2018년 5월

타이말로 아잔Ajarn이란 큰 가르침을 준 대상에 대한 존경 어린 호칭입니다. 아잔 술락과 나는 35년 이상 친구였으며 함께 사회운동을 이끌어왔습니다. 우리는 내가 한창 방콕에서 활동하던 1972년, 이반 일리치를 초대해 타이 지식인 및 학생 지도자들과 만남을 주선했을 때 처음 만났습니다.

술락은 당시 이미 〈사회과학비평〉의 편집자였고 비폭력사회운동을 전개하는 학생 지도자들의 멘토였습니다. 우리는 1973년, 1976년 그리고 이후 계속된 태국의 국가 소요사태에 함께 연루되었습니다.

1976년 10월, 타이에서 유혈 쿠데타가 발생하자 수천 명의 학생들이 도시를 떠나 북부와 남부의 정글로 들어가 공산당에 합류하였고, 또 수천 명이 체포되었습니다. 그때 우리는 종교조정회의Coordinating Group for Religion in Society를 모태로 하는 타이 최초의 인권단체를 창설하여 3년여에 걸쳐 1만 천 명 이상의 석방을 주도하였습니다. 술락이 첫 번째 망명을 떠난 것이 이 무렵이었습니다. 사실 그는 망명 첫날밤을 런던에 있는 우리 부모님 집에서 보냈지요. 몇 달 후 귀국한 그는 1980년대 내내 타이 사회의 심각한 균열을 치료하고, 돌아온 학생 지도자들을 사회로 복귀시키는 데 누구보다 앞장섰습니다.

그는 당시에도 불교 활동가였고, 시암* 민족주의자이자 왕정주의자였습니다. 그는 방콕 지식인들에게 주된 만남의 장소가 된 출판사와 서점을 만들었고, 틱낫한 스님을 초대하여 청년 활동가들을 위한 비폭력운동 훈련 프로그램을 진행하기도 했습니다.

아잔 술락은 인간 중심적 발전 과정에 기여하고자 하는 청년들과 언제나 했는데 그들 중 많은 이가 투쟁에 지쳐 나가떨어지자 기금과 부지를 조성하여 방콕 외곽에 수행공간을 건립하였습니다. 활동가들은 그곳에서 평화롭고 고요한 가운데 붓다의 가르침에 따른 수행을 통해 재충전할 수 있었습니다.

나는 1979년 방콕을 떠나 이후 25년간 UN과 세계은행World Bank에서 일했습니다. 그 동안에도 술락과 나의 행로는 방콕을

---

* 시암Siam : 타이Thai 왕국의 옛 이름 (편집자 주)

비롯한 세계 각지에서 마주쳤지요. 한 예로, 1992년 일본에서 우리는 불교가 앞으로 타이의 발전에 어떤 역할을 할 것인지를 두고 못다 했던 토론을 계속 하기도 했습니다. 그러기에 이 책에 들어갈 불교 경제학과 지속가능성에 대한 그간의 강연과 논설의 편집을 도와달라는 그의 요청은 그리 놀랄 일이 아니었습니다.

호흡관觀과 명상을 기본으로 하는 붓다의 가르침에 대한 술락의 이해는 이 책의 모든 페이지에 스며 있습니다. 비폭력이 불교의 핵심 가르침이라는 그의 믿음 또한 책 전체에 깃들어 있습니다. 술락은 세상은 병들었으며 더 늦기 전에 치료를 위한 행동을 취해야만 한다고 진단합니다. 전쟁은 평화로, 폭력은 비폭력으로 전환되어야 합니다. 탐욕 대신 너그러움이, 미움 대신 사랑이, 무지 대신 이해가 자리 잡아야 합니다. 환경을 아끼고, 그에 대한 정복과 지배를 멈추어야만 합니다.

오늘날 아시아의 불교는 많은 나라에서 소비주의라는 신흥 종교와 경쟁해야 하는 처지가 되었습니다. 술락에 따르면 타이에는 승려보다 매춘부가 더 많고, 사원이 아닌 쇼핑몰이 지역사회의 중심이 되었습니다. 전통 불교 수행이 기층에 살아있는 곳은 부탄이나 티벳 망명지처럼 소비주의와 세계화가 아직 그 촉수를 뻗지 않은 곳뿐입니다. 술락을 비롯한 참여불교인들은 저 기세

등등한 세계화가 일으킨 인간정신의 피폐를 불교가 어떻게 완화할 것인가 하는 문제에 직면해 있습니다.

술락은 세계은행의 신자유주의적 의제에 분명한 반대를 표합니다. 또 GDP(국내총생산)가 상승하면 국민의 삶 또한 저절로 나아진다는 입증되지 않은 가설에 이의를 제기합니다. 사람은 빵만으로 살 수 없습니다. 의식주에 대한 기본 욕구가 충족되면 안전과 평화, 영성에 대한 욕구가 제기되기 마련입니다. 이런 유의 욕구는 확인하기가 어렵고, 만족시키는 것은 더더욱 어렵습니다.

이 책에서는 GDP를 대체할 개념으로, 아직은 부정확하지만 중요한 개념인 GNH(국민총행복)를 제시합니다. 서구 개발론자들에게 행복과 만족이란 상품과 서비스의 소비를 늘리는 데 있지만, 불교에서의 행복과 만족은 욕망을 줄이는 데 있습니다.

이 책은 불교적 관점에서 세계화, 개발, 폭력, 통치를 조명합니다. 아시아의 잔소리꾼이라 알려진 대로 술락은 현 상황에 끊임없이 문제를 제기합니다. 심지어 내가 글을 쓰는 이 순간에도 타이 왕실의 일원을 모독했다는 이유로 또 한 번 불경죄로 기소된 상태입니다. 그럼에도 그는 여전히 아무런 두려움 없이 왕실과 수상, 군부, 그 밖의 권력자들을 비판합니다. 그리고 이것이야말로 그의 글을 신선하고 예리하게 만드는 요인입니다.

술락은 언제나 좋은 친구들과 함께 있습니다. 우리가 인생에서 뭔가를 이루고자 한다면 친구(도반)가 가장 필수적인 존재라고 붓다는 말했습니다. 많은 청년들이 술락의 도움으로 영성에 기초한 사회적 활동의 첫발을 내딛었으며 또 그의 지지 속에 가지를 뻗어 나아갔습니다. 타이 NGO(비정부기구) 중에 술락의 도움을 받은 직원이 없는 단체를 찾기 어려울 정도입니다. 그의 친구들 중 다수가 타이, 더 적절히 부르자면 시암에 살고 있지만 전 세계 곳곳, 사실상 모든 대륙에 또 다른 많은 친구들이 있습니다. 노령에도 불구하고 술락은 다양한 친구들을 만나 가르침을 전하기 위해 세계를 여행합니다.

이 세계는 갈등으로 인해 찢기고 있습니다. 부자는 더욱 부유해지는 반면, 가난한 자는 빵부스러기로 간신히 연명합니다. 아프리카와 중동에서는 매일 수백 명이 죽임을 당하거나 불구가 되며 수천 명이 굶주림으로 죽어갑니다. 이 세계의 모든 곳, 모든 차원에 치유가 필요합니다. 우리는 무엇을 해야 할지 알기는 하지만, 결함을 지닌 개인들이기 때문에 실천하기 어려울 때가 많습니다.

아잔 술락은 먼저 개인 차원에서 치유를 시작해야 한다고 말합니다. 그럴 때라야 우리가 살고 있는 이곳을 보다 살 만한 곳으로 만들 수 있습니다. 그가 이 책에서 말하는 '지속가능성'이라는 지혜는 개인 차원과 세계 차원 모두에 관한 것입니다. 이책은 우리가 어디로 가야할지 지도를 제시해 줄 것이며, 우리의희망이자 도전이 될 것입니다.

니콜라스 베넷[*]

타이 푸켓에서

2009년 2월

---

[*] 니콜라스 베넷Nicholas Bennett : 사회활동가이자 이 책 원문《The Wisdom of Sustainability : Buddhist Economics for the 21st Century. Koa Books. 2009》의 공동 편집자

여기 영상이 하나 있습니다. 항공에서 촬영된 영상은 광활하게 펼쳐진 아마존을 비춥니다. 영상 속에서 아마존의 삼림은 불타고 있습니다. 이 거대한 불길은 자연발화가 아닌, 인간의 방화로 인한 것입니다. 불을 낸 사람들은 그 땅을 가축을 기르는 목초지로 만들기 위해 벌목보다 쉬운 방화를 택했습니다. 그렇게 목초지로 만들기 위해, 혹은 농경지로 바꾸기 위해, 광산을 개발하기 위해 없어진 열대우림이 서울시 면적의 700배가 넘는 42만 8399km²라고 합니다.

아직 남아있는 초록색 숲을 배경으로 잿빛 연기를 피워 올리며 타오르던 불길은 오랜 시간이 흘렀음에도 여전히 머릿속에서 지워지지 않습니다. 그때 느꼈던 감정은 개탄을 넘어 두려움이었던 것 같습니다.

이래도 되는 걸까? 우리가 이래도 되는 걸까?

해결이 너무나 요원해보여 문제의식만으로도 기가 질리는 거대한 문제 앞에서 '다행히도' 누군가는 용감하고 단호하게 길을 나섭니다. 게다가 '더욱 다행히도' 그 해결이 어려운 것만은 아니며 '지금, 여기, 나로부터' 시작될 수 있다고 말합니다. 저자인

슐락 박사는 책 전체를 통해 우리에게 이러한 희망의 메시지를 전하며, 또한 평생에 걸친 실천을 통해 그 메시지의 진실성을 보여 왔습니다.

이 책에 실린 글들은 지속가능한 삶에 관한 그의 수년에 걸친 강연과 논설을 모은 것입니다. 그는 자멸을 향해 달리고 있는 듯 보이는 현 세계경제의 무한팽창주의에 경고를 보내며 그 대안으로 '불교경제학'을 제안합니다.

'모든 존재는 서로 연결돼 있으며 상호 의존한다'는 불교의 정신은 너의 희생 위에 서 있는 나의 이익, 후진국 착취를 통한 선진국의 발전, 자연을 파괴함으로써 얻는 인간의 만족에 의문을 표하며 그에 대한 근원적 해결을 구합니다. 경제개발의 이름으로 모든 것이 정당화되고 있는 세상에서 경제와, 그것을 떠받치고 있는 인간의 욕망에 물음표를 던지는 것은 어쩌면 지극히 자연스러운 일이겠지요.

선지식의 깊이가 담긴 글을 번역하는 동안 좋은 자극을 많이 받았습니다. 아무쪼록 책을 펴는 여러분 모두 지속가능한 미래를 찾아나가는 즐거운 여정이 되시기를 바랍니다.

2018년 5월
이정민

1장
세계는 변화를 요구한다

변화의 징후들

어린 시절의 싯다르타 태자는 왕궁을 나와 처음으로 병자, 노인, 시체, 유랑하는 수도승과 마주친 후 큰 절망을 느꼈습니다. 그는 고통과 죽음을 넘어서리라 결심하고 스물아홉의 나이에 집이 주는 안락함을 떠나 수행자의 삶에 입문하였습니다. 얼마 후 그는 그때 본 네 가지 광경이 그의 결단을 촉구하기 위해 하늘이 보여준 징후였음을 깨달았습니다.

1998년 세계은행 총재인 제임스 울펀슨을 만났을 때 그는 내 조국*에서 시작된 아시아의 경제 붕괴에 대해 질문을 던졌습니다. 나는 그 위기가 우리들로 하여금 경제 세계화의 대안을 찾도록 촉구하기 위해 하늘이 보여준 징후일 것이라고 말했습니다.

2차 세계대전이 끝난 후 전 세계의 정부와 개인들은 더 나은 세상을 만들기 위해 함께 열성적으로 일했습니다. 이 시기에 최초의 명실상부한 세계적 토론의 장으로서 UN이 설립되었지요. 작고 가난한 나라들이 평등의 원칙에 근거하여 힘 있고 부유한 나라들과 어깨를 맞대고 공동의 문제를 논의할 수 있게 되었습니다. 브레튼우즈 체제[**]가 발족하면서 '모두를 위한 번영'이라는 기치 아래 세계은행과 IMF도 창설되었습니다. 세계은행의 사명은 워싱턴 D.C.에 있는 본부 벽에 새겨진 대로 '빈곤퇴치'였습니다.

부를 창출하기 위한 세계은행의 전략은 각국 경제에 규제철폐, 민영화, 구조조정을 도입 · 시행하는 것이었습니다. 규제철폐란 기업에 대한 정부규제를 없애는 것이고, 민영화는 공공부문 소유권을 민간부문으로 옮기는 것입니다. 구조조정은 주로 세계은행이나 그에 준하는 기관들이 제3세계 국가들에게 차관을 제공하기 위해 요구했던 조건이었습니다.

구조조정, 규제철폐, 민영화는 모두 부의 창출을 목표로 합니

---

[*] 내 조국은 1939년까지 시암이라는 이름으로 알려져 있었다. 타일랜드라는 잡종 영어 이름으로 바뀐 것은 전통적인 시암 불교의 가치가 위기에 처했음을 상징적으로 보여준다. 나는 보통 내 조국을 타이보다는 시암이라고 부른다. (저자 주)

[**] 브레튼우즈Bretton Woods 체제 : 1944년 7월 미국 브레튼 우즈에서 발족한 국제통화체제. 1930년 이래 각국 통화가치 불안정, 경쟁적 평가절하, 무역제한 조치 등을 시정할 목적으로 시작되었으며 환율안정과 자유무역, 국제수지균형, 경제성장 확대를 추구하였다. 브레튼우즈 체제는 1960년대 이후 국제 유동성 문제와 기축통화인 달러화의 신용 실추가 지속되면서 1971년 붕괴되었다. (이하 역자 주)

다. 브레튼우즈 체제의 창시자들은 가난을 근절하기 위해 진지하게 노력했지만 그들이 만든 협회와 기구들은 오히려 부의 불평등을 심화시키고 환경을 파괴하였으며 문화를 쇠퇴시켰습니다. 빈곤에 대한 세계은행의 정의를 적용해 보아도 가난한 사람들의 숫자는 더 늘어났습니다.

울펀슨 총재는 내 의견을 더 듣고 싶어 했습니다. 나는 세계화란 사실상 자유시장 근본주의로 불려야 하며 산업화된 나라와 개발도상국을 가리지 않고 물질적 가치를 강제하는 악마적 종교에 다름 아니라고 말했습니다. 세계화로 인해 사람들은 탐욕과 불안의 끝없는 굴레 속에서, 많이 쓰기 위해 많이 벌려고 허우적댑니다.

세계은행을 비롯한 브레튼우즈 기구들은 산업화와 화폐경제, 근대성이 농경 생활과 자급경제, 토착성보다 우위에 있다고 여깁니다. 그 결과 세계화는 또 다른 형태의 식민주의가 되었습니다. 사실 '근대화'라는 용어에는 인종적 의미가 숨어 있습니다. '근대화'란 애초에 '유럽화'를 뜻하는 것이었지요.

지속적 경제 성장을 통해 해방을 이루어 내리라는 자본주의의 약속은 미국의 사회운동가 제리 맨더의 말대로 정신 나간 소리입니다. 어떤 것도 계속 성장할 수는 없습니다. 한계가 있기 마련입니다. 어머니 지구를 되돌릴 수 없을 정도로 망가뜨리기 전에 방향을 전환해야 합니다. 지혜와 자비에 기초하여 미래를 만들어야 합니다. 모든 사람을 선진국 생활방식으로 살게 해줄 충분한 자원이 우리에게는 없습니다.

세계화는 자유시장 근본주의

세계화라는 말은 가치중립적인 것처럼 들립니다. 세계화는 국가 간 상호의존과 이해관계의 상호성, 무역으로 인한 이익의 공유 같은 것들을 떠들어댑니다. 그러나 '세계화'가 세계무대에 등장한 반세기 동안 가진 자와 갖지 못한 자, 그러니까 북반구와 남반구, 투자자와 노동자, 영농기업과 실제 농사를 짓는 농민들 간의 격차는 갈수록 큰 폭으로 벌어졌고 소위 개발도상국들은 선진국에 전적으로 의존하는 신세가 되었습니다. 자유시장 근본주의의 결과로 환경은 파괴되고 경제는 붕괴했습니다.

세계경제가 무너지는 와중에도 신자유주의자들은 무역장벽의 철폐와 구조조정을 계속 밀어붙입니다. 자유시장에 대한 그들의 절대적인 신념은 식을 줄 모르는 욕망에 그 뿌리를 두고 있습니다. 개개인별로는 모두 지적인 사람들이 그 정도로 어리석거나 순진하다면 말이 안 되지요. 신자유주의자들은 '근대화'라는 말로 모든 것을 정당화시키며 다른 모든 사회적·문화적 신념과 열망을 가차 없이 무시해 버립니다. 우리는 비판의 날을 세우고 세계화의 내용과 형식을 다시 정의해야 합니다.

시암에서는 대중매체를 통해 전파된 소비문화가 불교적 덕목을 대체해 버렸습니다. 경제 개발이라는 미명하에 조장된 이러한 잘못된 가치를 극복하려면 우리 정신의 뿌리로 되돌아가야 합니다.

사회구조가
구성원의 세계관을 규정한다

/

'구조적 폭력'은 평화학을 학문 분과로 창시한 요한 갈퉁이 1960년대에 만들어낸 용어입니다. 사회적 자원이 불평등하고 부당하게 배분되어, 사람들의 기본적인 욕구 충족을 가로막는 장애들이 체제화되어버린 것을 구조적 폭력이라고 합니다. 엘리트주의, 자민족중심주의, 계급차별, 인종차별, 성차별, 국수주의, 동성애 차별, 나이 차별이 모두 구조적 폭력에 속합니다.

구조적 폭력은 정치적 억압의 모습을 띨 수도 있고 경제적 착취의 형태로 나타날 수도 있습니다. 자원, 권력, 교육, 의료, 법적 지위에 대한 불평등한 접근 기회가 구조적 폭력의 예입니다. 빈민가의 어린이들이 적절한 교육을 받지 못할 때, 노동자들이 비인간적인 환경에서 일할 때, 구조적 폭력은 작동하고 있습니다.

사회구조는 자연적으로 형성된 것도 아니고 영구적이지도 않습니다. 사회구조는 정치와 역사 발전을 통해 진화하며, 대개 조직과 제도, 법, 이념을 통칭합니다. 사회구조는 구성원들에게 행위규범을 제시함으로써 그들의 삶에 영향을 미칩니다.

사회구조는 구성원들이 그 사회의 규범을 자기 신념으로 삼도록 강제합니다. 무엇이 받아들일 만하고, 말할 만하고, 생각할 만한지 경계를 정하지요. 그리고 이 경계가 진리가 되어버립니다. 사회구조가 우리의 세계관을 규정하면 우리는 이제 그것을 의심 없이 받아들입니다. 우리는 구경꾼이 되고 심지어는 열성적인 응원자가 되기도 합니다. 마음에 뭔가 허용되지 않는 생각이 떠오르면 진실을 보게 될까봐 두려워합니다.

사회구조의 힘은 실로 막강합니다. 생각과 행동, 태도와 욕망, 심지어 신체에까지 영향력을 발휘합니다. 규범을 받아들이면 기득권자가 되지만, 도전하거나 거부하면 주변부로 밀려납니다. 우리는 사회구조와 자기감시 및 자기검열의 관계를 직시해야 합니다.

때로는 사회구조를 공고히 하기 위해 제도적 위협이 가해지기도 합니다. 예컨대 현대 의학은 질병, 노화, 심지어 잘 생기지 않은 외모까지 두려워하게 만듭니다. 종교가 우리를 기만하기도 합니다. 시암의 불교사원들은 복을 받아 영화로운 내생을 얻으려는 사람들이 보시한 돈으로 엄청나게 부유해졌습니다. 정부는 두려움을 이용해 우리를 통제합니다. 투옥이나, 더 나아가서는 처형에 대한 두려움 말이지요.

국가안보와 사유재산제, 자유시장 자본주의는 모두 사회구조입니다. 교육제도는 학생들에게 이러한 구조들을 따라야 할 목표로 제시함으로써, 부당함을 개선하기보다는 권력에 굴종하고 현 상황에 순응하도록 가르칩니다.

세계경제가 작동하는 중심원리는 바로 사유재산제입니다. 서구는 이 제도를 발명했고 우리 아시아인들은 그들의 가르침을 충실하게 따랐지요. 최근 인도정부는 라자스탄 주州에 있는 것은 말 그대로 빗방울 하나까지 다 그들 소유라고 공포했습니다. 그러니 이제는 라자스탄 주가 기업에게 빗물을 사고 팔 특혜를 줄 차례입니다.

대중매체는 대체로 이윤 추구를 목적으로 하며, 권력자들의 행위를 정당화하는 데 앞장서고 있습니다. 그러므로 우리가 구조적 폭력과 사회구조에 대해 배우는 것은 아주 중요합니다. 이 극단적인 근대주의의 시대, 테러의 시대에 우리는 우리의 사고체계가 어떻게 형성되는지 이해할 필요가 있습니다. 그래야 변화의 징후들이 우리를 깨울 때 무엇이 진실인지 알 수 있을 테니까요.

싯다르타 태자의 깨달음

/

나의 정신적 스승인 붓다다사 스님은 자연과 함께 하는 삶의 중요성을 강조했습니다. 그는 오두막 앞에 있는 보리수나무를 바라보며 거기 깃들어 평화롭게 살아가는 동식물들을 가리켜 보이곤 했지요. 자연세계의 첫 번째 법칙은 상호의존성이라고 그는 말합니다.

자연과 조화를 이룰 때 우리는 안온함과 깊은 만족을 느낍니다. 붓다는 이것을 일러 법(法, 담마)*, 즉 사물의 자연스러운 질서라고 말했습니다. 법은 우리의 의식을 포함해서 일체 현상의 살아있는 본질에 깨어있어야 함을 강조합니다. 자연의 법을 이해할 때 스스로가 가진 잠재력과 책임 또한 이해하게 됩니다. 법의

---

* 법(法, 담마) : 법은 담마의 한자어이다. 팔리어로는 Dhamma, 산스크리트어로는 Dharma라고 한다. 법이라는 용어에는 여러 가지 의미가 담겨 있는데 크게 두 가지로 나눌 수 있다. 첫째는 진리, 부처님 말씀, 가르침을 뜻하는 경우이다. 두 번째는 마음의 대상, 즉 알아차림의 내적·외적 대상으로, 현상세계, 우주 질서, 정신적 대상 등을 일컫는다. 본문에 나오는 '사물의 자연스러운 질서'로서의 법이 여기에 해당된다고 하겠다.

핵심에는 자유로운 탐구의 정신이 있습니다.

　6년간의 수행 끝에 싯다르타 태자는 탐(욕심)·진(증오)·치(무지)를 끊고 붓다, 즉 깨달은 자가 되었습니다. 그리고 과거에 함께 했던 수행자들에게 그 깨달음을 전했는데 이것을 두고 '법의 바퀴를 굴렸다'고 말합니다.

한 수행승이 붓다에게 말했습니다.

"나는 물 위를 걷는 능력을 얻기 위해 수년째 수행중입니다."

붓다께서는

"그런 거라면 사공에게 부탁하면 될 텐데"라고 하셨지요.

또 다른 종교 지도자는 붓다에게 제자들이 어떤 수행을 하는지 물었습니다.

이에 붓다께서는

"걷고 서고 눕고 앉고 먹고 마십니다"라고 대답했습니다.

"그걸 수행이라고 할 수 있습니까?" 질문자가 물었겠지요.

붓다는 설명합니다.

"걸을 때 걷는 줄 알고, 서있을 때 서있는 줄 알고, 누울 때 눕는 줄 아는 것."

틱낫한 스님의 말대로 기적이란 온 마음으로 걷는 것, 모든 순간의 신성한 현재성과 깊이를 느끼는 것입니다. 명상은 우리 의식을 지배하는 특질을 알아차리도록 해줍니다. 미움과 함께 사랑이, 무지와 함께 지혜가, 두려움과 동시에 용기가 우리를 지배하지요. 내 안에 있는 특질을 전체로 보게 될 때 무지는 사라지고 지혜와 자비가 저절로 자라납니다. 호흡에 깨어있는 연습은 우리의 의식을 재구성하고 민감한 자기인식을 이끌어냅니다. 그리하여 우리 자신과 이 세계 안에 스며있는 구조적 폭력을 더 잘 볼 수 있게 되지요.

2장

생명의 길, 평화의 길

2001년 9월 11일 세계무역센터에 테러가 일어난 후, 달라이 라마 성하는 대응 공격을 준비하던 조지 W. 부시 당시 미국 대통령에게 이런 메시지를 전했습니다. "폭력 대응이 정당한지, 장기적 관점에서 국가와 국민의 이익에 부합하는 일인지 진지하게 생각해야만 합니다. 폭력은 또 다른 폭력을 불러올 뿐입니다."

부시 대통령은 아프가니스탄을 공격하고 그로부터 18개월도 지나지 않아 다시 이라크를 공격하는 것으로 이에 응답했습니다. 그는 이 세상에서 악을 제거하는 것이 미국의 임무라며 그 공격이 '악의 축(이라크, 이란, 북한)'에 대한 성전聖戰임을 강조했습니다. 나는 히틀러와 스탈린 역시 이 세계에서 악을 제거하고 싶어 했음을 떠올리며 두려워하지 않을 수 없었습니다.

러시아의 위대한 문호 알렉산드르 솔제니친은 다음과 같이 썼습니다.

모든 일이 그토록 단순할 수만 있다면! 저 어딘가 암암리에 악행을 저지르는 사악한 인간의 무리가 있어 그들을 우리로부터 갈라내고 파괴할 수만 있다면. 그러나 선과 악을 가르는 경계는 모든 인간의 심장 속에 있나니 누가 과연 자기 심장의 일부를 파괴하려 들 것인가?

갈등이란 우리가 부엌을 청소하고 환경을 정비하는 사이, 이웃간의 울타리 위로, 옆 나라와의 국경 위로 순식간에 점화되는 불과 같습니다. 그것은 우리의 가장 친밀한 관계 속에, 낯선 이와의 만남 속에 언제나 내재되어 있습니다. 갈등은 불가피하며, 그것을 해결하기 위한 고투야말로 우리를 이해와 치유와 성장으로 이끕니다.

우선 상대방에 대한 비난을 멈추어 보세요. 그리고 내가 확고하게 옳다고 믿는 것 중 그가 문제를 제기하는 게 무엇인지 살펴보세요. 상대방의 관점에 서보기를 주저하지 말아야 합니다. 나의 입장을 철저히 탐구했을 때 나와 갈등관계에 있는 상대방의 입장도 이해하기 쉬워집니다.

내가 가장 경멸하는 사람의 모습을 떠올려봅시다. 나를 가장 화나게 하는 그 사람의 특징을 잘 들여다보세요. 이번에는 그 사람이 어떨 때 기뻐하고 어떨 때 괴로워하는지 생각해봅시다. 그 사람의 행위 원동력은 무엇입니까? 가만히 패턴을 찾아보세요.

이런 식으로 명상하다 보면 샘에서 샘물이 솟아나듯 마음속에 자비와 통찰이 일어납니다. 그렇게 되기까지는 여러 번 같은 연습을 해야 할 수도 있지만 결국엔 화가 사라질 것입니다. 다음으로 같은 연습을 스스로에게 해보면 나의 욕심, 증오, 무지를 이해할 수 있습니다. 스스로를 깊이 이해하면 곧 다른 사람들도 나와 유사함을 알게 되는데, 이러한 성찰이 갈등의 예방과 해결에 필수입니다.

공격받았을 때 폭력이나 회피로만 대응하란 법은 없습니다. 대화, 법적 조치, 협상, 외교적 수완 등 다른 대응방법이 얼마든지 있습니다. 서로에게 귀를 기울이다 보면 적대감은 곧잘 해소됩니다. 세계를 선과 악으로 나누기보다는 상대방을 무엇보다 같은 인간으로, 함께 살아갈 동료로 볼 필요가 있습니다.

3세기의 철학자 나가르주나는 붓다의 가르침을 요약해 달라는 요청에 한 마디로 답했습니다. "아힘사Ahimsa, 즉 비폭력." 비폭력은 아무것도 하지 않음을 의미하지 않습니다. 오히려 소통과 공유를 통해 갈등을 풀어나가는 주도적이고 포괄적인 과정입니다. 모든 폭력행위는 의식적이든 무의식적이든 의도가 있었기 때문에 일어난다고 붓다는 말합니다. 평화를 정착시키기 위해서는 자신의 마음속에 있는 폭력성을 인식하는 것에서 시작하여 그것을 무장 해제시키는 데로 나아가야 합니다. 모든 폭력 행위의 핵심에 탐·진·치가 있습니다. 반면 모든 비폭력 행위의 근원에는 지혜와 자비가 있습니다.

우리의 행위 하나하나는 그에 따르는 결과를 낳습니다. 붓다는 《법구경에서》 "미움으로는 미움을 없앨 수 없다. 자비만이 미움을 녹인다. 과거에도 그랬거니와 앞으로도 영원히 그러하다"라고 가르칩니다. 간디는 이런 말로 요약했지요. " '눈에는 눈'으로 대응한다면 온 인류가 장님이 될 것이다." 붓다는 이렇게도 말했습니다. "비뚤어진 마음으로 행동하면 고통이 따를 것이요, 평정한 마음으로 행동하면 평화가 따를 것이다." 우리는 우리가 짓는 업karma의 결과를 피할 수 없습니다. 그러므로 삶에서 저지르는 매 행위에 깨어있어야 합니다. 폭력은 잘못된 정치경제의 결과가 아닙니다. 폭력은 인간 의식에서 싹틉니다.

폭력 문화는 분열과 증오를 만들어내고 일반화하고 또 소비합니다. 현대사회는 전쟁과 폭력에 어마어마한 돈을 쏟아 붓습니다. 미국이 전 세계 군비 지출 총액의 거의 반 정도를 차지하고, 그보다는 액수가 한참 아래지만 영국과 프랑스, 일본, 중국이 그 뒤를 잇습니다.[*] 대부분의 제3세계 국가들도 과도한 군비를 지출하며, 많은 경우 그들 영토에 미군이 주둔합니다.

마틴 루터 킹 주니어는 "과학기술의 힘이 우리 정신의 힘을 앞질렀다. 우리는 미사일을 유도할 수 있게 되었지만 사람의 길은 잘못 인도하고 말았다"고 일갈했습니다. "폭력의 끝없는 신세계 개척은 놀라울 지경이다. 그러나 나는 도저히 불가능하리라 여겨 꿈도 꾸지 못했던 비폭력의 세계가 도래하리라고 믿어 의심

---

[*] 2016년 기준 전 세계 군비 지출은 미국이 여전히 압도적인 1위를 차지한 가운데 중국이 2위, 러시아가 3위, 사우디아라비아가 4위를 차지했다. 이어 인도, 프랑스, 영국, 일본, 독일 순으로 군비지출이 많았으며 한국은 독일에 이어 10위를 기록했다.

치 않는다"고 간디는 말했습니다. 우리는 다원주의와 테러가 공존하는 시대에 살고 있습니다. 이런 시대에 무엇이 평화를 이뤄낼지 명확히 아는 것은 대단히 중요합니다. 비폭력은 불교가 우리에게 알려주는 가장 중요한 교훈입니다.

갈등에 대응하는 세 가지 방법

평화유지와 평화협상, 평화구축은 갈등에 대응하는 세 가지 접근 방법입니다. 평화유지는 우선 서로에 대한 공격을 멈추는 것입니다. 평화유지는 피해를 최소화시키기는 하지만, 안전을 보장하지는 못합니다. 포화를 멈추는 것은 좋지만, 더 바람직한 일은 애초에 근본적인 원인을 드러내어 갈등이 점화되지 않게 막는 것입니다.

평화유지는 갈등을 종식시키기 위해 때로 갈등이라는 수단을 사용합니다. 소수의 사람들만이 비폭력을 실천함으로써 폭력적인 상황을 뚫고 나아갈 수 있었습니다. 나치가 덴마크 유대인을 말살시키려 했을 때 덴마크 국왕 프레데릭 9세는 유대계 국민들이 체포된다면 자신 또한 유대인의 상징인 다윗의 별을 달고 체포되겠노라고 선언했습니다. 결과적으로 독일은 덴마크 유대인을 건드리지 못했지요. 독실한 이슬람교도이자 파키스탄 - 아프가니스탄 접경지대의 간디로 알려진 바드샤 칸은 파슈툰 족 동포들을 설득하여 무기를 버리고 자신이 이끌던 10만 비폭력부대에 합류하도록 했습니다.

1973년 타이 독재정권 타도와 필리핀 마르코스 정부의 종언, 동유럽 공산주의 붕괴는 모두 비폭력으로 폭력과 억압을 종식시키고 지속적인 사회변화를 가져온 예입니다. 천안문 광장에서 탱크에 맞서 홀로 서 있던 한 시위자의 모습이나 미얀마 군부에 대항해온 아웅산 수치의 이미지는 비폭력을 실천하는 데에 엄청난 도덕적, 육체적 용기가 필요함을 상기시켜 줍니다.

부시 대통령이 내세운 패러다임은 해체되어야 합니다. 미국의 힘은 부나 군사력에 있지 않습니다. 미국의 힘은 자유와 민주주의, 관용이라는 이상에 있습니다. 이제 전쟁과 폭력에 대한 투자를 멈추고 평화와 비폭력에 투자해야 합니다. 미국의 전 하원의원 데니스 쿠치니크는 내각 차원의 평화부서를 설립하자는 결의안을 의회에 발의한 바 있습니다.

갈등에 대응하는 두 번째 방책인 평화협상은 단순한 조정을 넘어 실질적인 갈등 해결을 포함합니다. 평화협상에서 가장 중요한 요소는 대화입니다. 우리가 '대화'라고 부르는 것은 흔히 쌍방 각각의 독백인 경우가 많습니다. 진짜 대화는 적극적인 경청을 기반으로 합니다. 특정한 결과를 얻으려는 기대를 버리고, 자기 내면으로부터 고요해질 필요가 있습니다. 상대가 내 의견에 귀를 기울인다고 느끼면 문제가 창의적으로 해결되어 뜻밖의 결과를 얻기도 합니다. 화해가 열쇠입니다. '과거 인정'이 고통을 줄이고 불의를 바로잡고 변화를 불러오는 길입니다. 소위 회복적 정의는 피해자와 가해자 모두가 서로의 입장에 깊이 귀 기울이기를 권합니다. 이는 물론 대단히 어려운 일이지만 그 결과 양측 모두에게 변화가 일어납니다. 처벌보다는 이런 식의 접근이 갈등의 재발을 최소화합니다.

세 번째 대응책인 평화구축은 평화로운 사회를 만들기 위해 끝없이 노력하는 것을 말합니다. 평화구축은 기층 차원에서 시작하며 광범하고 장기적인 해결책, 즉 교육, 풀뿌리 민주주의, 토지개혁, 빈곤 구제 등을 포괄합니다. 붓다의 전생 이야기인 《본생경》에 등장하는, 깃털에 수없이 물을 적셔와 불을 껐다는 앵무새처럼 평화를 구축하는 사람은 한 방울 한 방울의 물로 타오르는 불을 끄기 위해 공동체의 힘을 끌어 모읍니다. 평화구축은 비폭력에 근거해야만 합니다. 다시 말해 지혜와 자비에 근거해야 합니다. 이런 활동은 사람들의 이목을 크게 집중시키지는 못하지만 갈등에 대응하는 가장 의미 있는 방법입니다. 전쟁은 일단 시작하면 멈추기가 매우 어렵습니다. 그러므로 정의롭고 참된 민주사회를 창조함으로써 바로 지금, 앞으로 일어날 전쟁을 막는 길로 가야 합니다.

고통을 해결하는 네 가지 성스러운 진리

붓다는 고통이 일어나는 원리를 이해함으로써 고통이 일어나고 유지되는 과정을 바꿀 수 있었습니다. 붓다는 이 통찰을 네 가지 성스러운 진리, 즉 사성제四聖諦로 묘사하였습니다.

고성제苦聖諦 : 고통이 존재한다.
집성제集聖諦 : 모든 고통에는 반드시 원인이 있다.
멸성제滅聖諦 : 고통의 원인을 소멸한다.
도성제道聖諦 : 깨어있는 삶이 고통 소멸의 길로 안내한다.

이 네 가지 진리를 갈등 상황에 적용해 봅시다. 먼저 양쪽 모두 고통을 겪고 있음을 인정하는 데서 시작합니다. 그리고 각각은 각자의 진술을 증명할 제3자 앞에서 자기의 경험을 분명하게 말합니다. 이것이 첫 번째 성스러운 진리인 '고통이 존재함을 인정하기'입니다.

두 번째, 갈등의 외적 · 심리적 뿌리를 이해해 봅시다. 우리가 감정을 생물이든 무생물이든 어떤 대상에 투사할 때, 우리는 사실 그 대상을 내 무의식 속에 이미 존재하는 어떤 성질로 경험하는 것입니다. 우리는 내 감정이 투사된 대상과 실제 나의 감정이 별개임을 보지 못합니다. 어떤 갈등이든 뿌리를 발견하기 위해서는 반드시 그 심리적 차원을 탐구해야만 합니다. 심리적 차원에 대한 이해가 있어야 외적인 조건을 더 선명하게 분석할 수 있습니다.

세 번째 성스러운 진리는 고통의 원인을 끊는 것입니다. 이는 우리가 갈등 없는 상태에 이내 도달한다는 게 아니라, 매순간 우리 내면과 외면의 세밀한 부분까지 놓치지 말라는 것입니다. 갈등은 문제의 핵심에 곧바로 다가갈 수 있는 기회이며 우리 자신에 대해 더 많이 배울 수 있는 기회입니다.

네 번째 성스러운 진리인 삶의 방식으로서의 평화는 고통과 갈등을 줄이기 위해 어떻게 살아야 하는지 알려줍니다. 붓다는 이 방법을 일러 팔정도八正道라 했습니다.

정견正見 : 바른 이해. 사성제를 이해함.
정사유正思惟 : 바른 생각. 만족을 줄 수 없는 것들로부터 자유로워짐.
정어正語 : 바른 말. 진실하고 조심스럽게 말함.
정업正業 : 바른 행위. 죽이거나 훔치거나 무책임한 성행위에 빠지지 않음.

정명正命 : 바른 생활. 다른 사람이나 생명에 해를 끼치는 직업을 갖지 않음.

정정진正精進 : 바른 노력. 의식을 바른 상태로 이끌어감.

정념正念 : 바른 의식. 자기 경험의 육체적, 정신적 차원에 깨어있음.

정정正定 : 바른 수행. 집중을 유지함.

팔정도는 평화구축을 삶의 방식으로 제안합니다. 팔정도는 우리의 자각이 깊어지고, 우리 삶의 각 부분들이 조화를 이루는 길을 제시합니다. 알아차림을 생활화하는 데서 시작해봅시다. 그리고 이 방법들을 억압적 체제를 해체하고 평화를 창조하는 데 사용합시다.

.

3장
아래로부터의 발전

타이인들이 흔히 하는 얘기로 '들에는 쌀이 있고 물에는 고기가 있네'라는 말이 있습니다. 식민주의가 세계를 휩쓸기 이전, 아시아의 밥그릇이라고 알려질 만큼 비옥했던 땅은 거기 사는 모든 사람들이 먹고살 만큼 풍부한 식량을 생산했습니다. 어디서나 초목이 자라고 야생동물이 뛰놀았으며 정글에는 티크 나무를 비롯해 단단한 목재들이 난 데다 인구는 적었습니다. 마을 공동체들은 자기네 땅을 경작하고 자기들이 입을 옷을 직접 짜고 주민회나 장로회의 같은 자치 조직으로 마을을 지키고 다스렸습니다. 생산할 때는 협동에 기초하여 자급할 만큼만 적당히 하면서 자연의 균형을 유지하도록 힘썼습니다.

오늘날 시암에서는 시골에 사는 어린이 중 60퍼센트가 영양실조에 시달리고, 인도네시아에서는 수백만의 농부들이 자카르타의 빈민가로 이주합니다. 필리핀에서는 수천의 농부들이 고향을 떠나 중동을 비롯하여 다른 지역으로 일자리를 구하러 가며, 말레이시아 해안의 영세 어민들은 먹고사는 일에조차 어려움을 겪습니다.

서구열강의 식민지배는 이전에 자립적으로 운용되던 마을 경제 체제에 격변을 일으켰습니다. 외국 회사들은 땅을 대규모로 인수하여 고무와 사탕수수, 코코넛과 바나나 농장으로 만들어버렸습니다. 물물교환은 화폐경제로 대체되었습니다. 수출을 전제로 한 경작은 마을주민의 운명을 자신들의 공동체에서 멀리 이국의 시장으로 넘겨버렸습니다. 작은 농장들은 토착 지배층이 차지하였으며, 소작농과 농장노동자라는 새로운 계급이 생겨났습니다.

반세기가 넘게 흐르는 동안 식민주의는 신식민주의로 대체되었습니다. 독립국인 듯 보이는 나라들이 실은 서구의 거대한 경제적 압력 아래 아직도 식민지와 다름없는 상태입니다. 원조기구들이 세우는 농촌개발정책은 기업식 영농에만 집중돼 있어, 농민들은 결국 의복과 전기, 수도, 연료, 건축자재, 비료, 살충제, 가축과 농기구를 모두 시장에 의존해야만 합니다. 근대화는 생산을 효율화하고 생활수준을 향상시켰지만, 농민들 개인의 사정은 더 나빠졌습니다. 이익은 수출업자와 지주, 거대농장주, 공장주, 대농大農, 전문가, 그리고 고위 공무원들에게 돌아갔습니다. 지배계급의 이러한 성장은 소비재에 대한 수요를 증가시켰고, 이는 다시 농산물 수출 확대 요구로 귀착되었습니다.

시장에 대한 거의 전적인 의존 탓에 하층계급은 먹고 살 식량을 구입하는 것조차 어려워졌습니다. 생산한 것을 시장가격에 팔아서 비료와 살충제, 그밖에 생산에 필요한 물품들을 사느라 진 빚을 다 갚고 나면 막상 자신이 쓸 돈과 농작물은 얼마 남지 않습니다. 가뭄이 들거나 홍수라도 나면 문제는 훨씬 심각해집니다.

잉여 농산물을 생산하는 사람은 농촌인구 중 극소수에 불과한, 많은 땅을 소유한 부농들입니다. 생산시설을 현대화하기 위해 융자를 받거나 정부지원을 받는 것도 그들입니다. 기업식 영농은 점점 더 먼 곳까지 사업을 확장하며 번성 중입니다. 그들은 농장노동자나 소작농의 노동으로 농장을 운영하면서, 막상 노동자에게는 최저임금만을 지급하고, 소작농에게서는 그들에게 원료와 기술을 제공했다는 명목으로 생산량의 절반을 가져옵니다.

농장노동자와 소작농들은 시장가격이나 임차료, 일당에 대해 아무런 협상력이 없습니다. 조직은 도움이 되지 못했습니다. 농업협동조합이나 농민협회는 정부의 철저한 통제 아래 부유한 농민들의 이익에만 기여합니다. 여러 나라 정부가 모여 동남아국가연합ASEAN 같은 기구를 결성했지만 거기서는 농민을 통제할 수단을 서로 공유할 뿐입니다. 소작농들은 소득보다 가파르게 상승하는 생산비용 때문에 과도한 이자를 무릅쓰고 고리대금업자를 찾습니다. 그러고는 불어나는 빚 때문에 또 다른 수입원을 찾아 나서게 되지요. 결국 수백만의 농민이 저임금, 중노동 일자리밖에 구할 수 없는 도시로 몰려듭니다.

어린 소녀들은 가정부 혹은 비숙련 공장노동자로 일하거나 매춘을 강요받습니다. 동남아시아 매매춘 시장은 번창일로에 있으며 여성들은 유럽이나 홍콩, 일본으로 '수출'되기도 합니다. 어린이들은 열악한 환경에서 일하며 불법적으로 노동력을 착취당합니다. 심지어는 외국에 팔려가기도 합니다. 도시로의 이 어마어마한 인구이동은 결국 이주한 사람이나 고향에 남은 사람 누구에게도 해결책이 되지 못했습니다. 도시에 자리 잡은 사람 중 고향의 가족들에게 돈을 부쳐줄 여력이 있는 경우는 거의 없습니다. 어떤 사람들은 끝내 범죄자로 전락하기도 합니다.

근대화된 농업은 또한 자연자원의 대규모 고갈을 불러옵니다. 숲은 빠르게 사라지고 있으며 그와 함께 야생동물도 급격하게 모습을 감추고 있습니다. 논에 넘쳐나 농민들의 풍부한 식량원이 되어주었던 미꾸라지와 식용 개구리는 이제 살충제 살포로 죽어갑니다. 대규모 저인망 어업은 해양생물을 고갈시키고 영세 어민의 생계를 파괴합니다.

자유무역과 비교우위론의 실상

권력이 중앙에 집중되면, 개인은 자기 운명에 대한 통제력을 상실합니다. 공동체와 멀리 있는 조직이 나의 삶을 다스릴 때 공동체의 가치는 존중받지 못합니다. 바츨라프 하벨 전 체코 대통령은 다음과 같이 말했습니다.

거대 다국적기업은 산업화, 중앙집권화, 전문화, 독점화한다는 점에서 기묘하게도 사회주의 국가와 닮았다. 결국 자동화, 전산화와 더불어 갈수록 비인격적 요소는 강화되며 노동의 의미는 상실된다. 이와 함께 시스템에 의한 인간 삶의 폭넓은 조작이 진행되는 것인데, 이 점은 조금 덜 노골적일 뿐 전체주의 국가의 양상과 다르지 않다.

자유무역을 통한 발전 모델에서는, 다국적 기업이 마을이나 공동체를 대신하여 사람과 사람의 상호작용에 토대 역할을 합니다. 자유무역 논쟁은 19세기 데이비드 리카도가 주장한 비교우위론에서 비롯됩니다. 이 이론에 따르면, 자유무역은 각 나라가 자국에 가장 적합한 경제 활동을 하도록 유도함으로써 비교우위와 경제적 효율성을 획득하게 한다고 합니다. 하지만 반드시 고려해야 할 사항이 간과되었습니다. 자유무역 주창자들은 사회에서 어떤 집단이 부유해지고 어떤 집단이 뒤처지는지에 대해서는 관심이 없습니다. 게다가 무역이 비경제적 가치에 미치는 영향에 대해서는 언급하지도 않았는데, 그건 소위 선진사회가 경제라는 관점에서만 모든 것을 보기 때문이요, 그들의 물질만능주의 시각을 전 세계인의 관점으로 여기기 때문입니다. 각국 정부는 자본 투자자들에게 기회를 극대화시켜주는 기계처럼 되어 갑니다.

우리는 공동체가 사회적으로나 정치·경제적으로나 더 강해질 방법을 찾아야 합니다. 공적 영역을 재건할 필요가 있어요. 공동체 구성원들이 자신들의 생활과 생계에 영향을 미치는 사안의 결정에 참여하도록 해야 합니다. 또한 제3세계 경제가 국제무역에 지나치게 의존함에 따라 야기된 난국을 공론화해야 합니다.

기업들은 노동자들을 가장 많이 착취할 수 있고 환경은 보호하지 않아도 되는 나라로 생산시설을 옮깁니다. 값싼 노동력을 비교우위로 가진 나라에게는 임금삭감과 노동자 권리의 축소가 경제정책의 기본이 됩니다. 노동자의 권리를 주장하면, 고용주들이 지켜야할 게 적은 다른 나라로 옮겨갈 것이기 때문에 결국 손해라고들 합니다. 국가와 기업, 그리고 최근 들어서는 이 둘의

합병이 종종 구조적 폭력의 가해자가 됩니다. 그들의 정책은 빈부격차를 심화시키고, 자연자원을 고갈시키며, 개인을 자기가 뿌리박은 문화로부터 소외시킵니다. 그들은 이익에 눈먼 나머지 국민의 불만족에는 관심이 없는 것 같습니다.

불교도로서, 나는 비교우위라는 부당한 명제가 사회의 궁극적인 목표라고 생각하지 않습니다. 나의 관심사는 사회 조직이 인간의 고통을 해결하고, 정의를 진작하고, 개인의 잠재력을 실현하도록 하는 데 있습니다. 나는 지금까지 자유무역이 내 조국에 끼친 영향을 지켜봤습니다. 농민들은 권고에 따라 자급을 포기하고 대신 수출용 작물을 재배했습니다. 그러나 영세 농민들은 대규모 고효율 농업의 경쟁상대가 되지 않았습니다. 그 결과 농민들은 땅을 잃고 일자리를 찾아 일당 5달러 이하의 도시 건설현장이나 제조업 일자리를 떠돌며, 그 딸들은 매춘의 유혹 아래 놓입니다. 오직 GDP 상승만을 중시하고 사회적 혼란과 환경 파괴에는 무관심한 경제정책 입안자들은, 놀랍게도 이 같은 결과를 '성공'이라고 받아들입니다.

환경 관련 사안은 국제기구가 통제해야 합니다. 개별 국가가 환경보호 정책을 강화하면 다국적기업은 그저 규제가 약한 나라로 옮겨가면 그만입니다. 어떤 나라도 기업을 유치하기 위해 자국의 환경을 희생해서는 안 됩니다. 우리에게는 인간의 가치를 높이고 고통은 줄이며 민주주의 원리에 충실한 경제가 필요하지, 세계무역에 종속되어 신자유주의 경제정책에 맹목적으로 이바지하는 경제는 필요하지 않습니다.

우리는 지구와 그곳에 살아가는 인류에 대한 학대를 멈추고 지혜와 자비를 바탕으로 한 새로운 경제를 만들어야 합니다. 이것이 바로 E. F. 슈마허가 말한 불교경제학으로, 이것이 작동하는 사회에서는 어려운 때에 서로 돕고, 권력을 두고 다투기보다는 공유하며, 자연을 존중하고 지혜를 소중히 여깁니다. 영국 가톨릭교도였던 슈마허는 돈보다 인간을 우선시하는 사람들에게 불교경제학이 본보기가 된다고 우리를 일깨워주었습니다. 불교경제학은 무한 성장이 아닌 지속가능성에 기초합니다. 오늘날 도처에서는 억압을 극복하고 지속가능한 방향으로 사회를 움직이겠다는 굳은 결의를 가진 사람들이 이러한 꿈을 실현하기 위한 구체적인 행동에 나서고 있습니다.

변화의 시작은 가치의 자각으로부터

내 조국의 국민들은 정치적으로 식민 경험을 하진 않았지만 정신적으로 식민화되었고, 그 결과 불교 전통으로부터 멀어졌습니다. 지금 시암 불교왕국엔 승려보다 매춘부가 더 많습니다. 농민들은 도시의 빈민가로 이주하거나 한때 자기 소유였던 땅에서 품삯을 받고 일합니다. 아름다운 도시였던 방콕은 이제 오염되고 흉물스러운 모습으로 변했습니다.

자본주의는 광고를 통해 우리의 관점을 왜곡합니다. 우리가 가치 있는 존재이기 위해선 자기 자신이 아닌 다른 사람이 되어야 할 것처럼 세뇌시키지요. 그러나 자기 존재를 부정하면서 자기보다 더 나은 무엇이 될 수는 없습니다. 자기 존중이 깊이 뿌리내릴 때라야 건강한 선택을 할 수 있습니다.

타이의 시골 마을 사람들은 누구나 불성, 즉 깨달을 수 있는 잠재력을 지녔다고 믿고 있습니다. 이런 관점에서는 가난하고 소외된 사람들도 다른 사람들과 동등한 위엄을 갖습니다. 권력과 경제의 지방분권화는 영혼의 건강과 안녕을 위한 기초이기도

한 셈입니다.

시암의 풀뿌리 활동가들은 전통방식으로 농사지으며 협동조합을 만들어 자립경제를 구축해 나가기 시작했습니다. 많은 이가 화학비료 없이 작물을 재배하고, 쌀·물소 은행*을 운영함으로써 고리대금 이용을 끊었습니다. 또 50만 명의 사람들이 빈민회의를 조직하여 그들에게 수십 년간 거부되었던 권리를 허용해 달라고 수상에게 요구하며 3개월 이상 비폭력 시위를 벌였습니다. 아래로부터의 발전은 개인의 자유와 책임을 강조합니다.

진정한 발전은 인간의 욕구와 자연의 리듬이 조화를 이루는 것입니다. 인간은 자연의 일부이지 주인이 아닙니다. 불교에서 말하는, 모든 존재가 상호 연관되어 있다는 자각은 전 세계 원주민들의 전통 속에 살아 있습니다. 그들은 정치 역시 개인의 삶이나 영성에서 분리하지 않고 삶의 모든 측면이 신성하다는 자각

---

* 쌀·물소 은행Rice & Buffalo Bank : 쌀이나 물소가 필요한 사람들에게 그것을 무상으로 제공하거나 대여하는 제도이다. 은행 역할을 하는 것은 주로 지역의 사원이다. 잉여 농산물이 있는 사람들은 자신이 가진 것을 사원에 보시하고 사원은 식량이 없는 농민에게 무상으로 쌀을 제공한다. 물소은행은 물소를 무상으로 대여하고 훗날 그 소가 새끼를 낳으면 송아지를 받는다. 이런 방식으로 은행은 농민들이 고리대금에 의존하지 않고 자립적으로 생산 활동을 지속하도록 돕는다.

속에서 살아갑니다. 이러한 자각이 삶의 모든 걸음, 모든 선택을 인도합니다.

체로키 인디언 의술사醫術師이자 티벳 불교 스승이기도 한 드야니 이와후는 이렇게 말합니다.

세상에는 자비로운 지혜의 물결이 흐르며, 우리는 그 일부이다. 그 물결로부터 우리 모두의 마음을 조율하는 위대한 지혜가 싹튼다. 평화는 우리 안에 씨앗으로, 노래로 살아있다. 명징하게 보고 명징하게 말하는 연습이 평화를 불러오는 길이다. 아름다움을 보고 아름다움을 찬미하라. 지혜의 물결이 우리 가슴에 흘러넘치리라.

근대화 발전모델의 실패

기업에게 자연자원은 경제적 이득의 원천일 뿐입니다. 한 지역이 고갈되면 기업은 다음 지역으로 옮겨갑니다. 사람은 노동자나 소비자로 이윤을 발생시킬 때만 의미 있는 존재가 됩니다. 근대 구조적 세계관은 소수에게만 번영과 민주주의, 유동성을 안겨주고, 세계의 다수에게는 빈곤을 심화시켰습니다. 현대 세계는 대의 민주주의를 가장하고 있지만, 실상은 정실인사가 더욱 강화되었습니다.

이런 발전모델에서는 사람들이 자신의 뿌리에서 분리되는 게 이상한 일이 아닙니다. 시암 남부 송클라 호湖 주변 농촌지역에 콤바인 기계가 도입된 후, 수확활동에 따르게 마련인 전통 노래, 춤, 공동의 식사 및 고향에 대한 감수성은 사라졌습니다. 대신 사람들은 이 기계를 빌리기 위해 그저 이방인에게 신속하게 돈을 지급할 뿐입니다. 오늘날 이 지역에서 쌀을 수확할 때 이 무시무시한 기계를 이용하지 않는 농민은 찾아보기 힘듭니다. 수확의 속도는 분명 빨라졌습니다. 그러나 예전에 손으로 수확할 때는 온 가족이 서로 협력했으며, 일을 하면서 마을의 유대 또한 끈끈해졌습니다.

요즘엔 송클라 호 주변에서 한창 일할 나이의 남자와 여자들은 고향집에 어린 아이와 노인만을 남겨두고 근처 도시로 돈 벌러 나갑니다. 가족 전체가 도시로 이주하여 저임금 일자리를 얻은 경우 대개는 비위생적이고 위험한 동네에 살며, 예전 같았으면 스스로 해결했을 기초생활수요 충당을 위해 정부 지원에 의존합니다. 더 나쁜 것은 그러면서 이들의 정신과 문화까지 황폐해진다는 겁니다. 세계은행의 대출 결정에는 이러한 점들이 고려되지 않습니다. 결과적으로 세계은행이 지나간 자리에는 고립과 단절만이 남습니다.

원조 기구들은 개발도상국의 경제 구조를 재평가하여 개방을 확대하라고 끊임없이 요구합니다. 그러나 정말 필요한 것은 이들 기구가 스스로를 재평가함으로써 개발도상국의 발전 과정을 보는 새로운 시각을 갖는 것입니다. 인구 천 명 당 의사의 숫자라든지 1인당 GDP처럼 순전히 양적 분석에 기반한 정책 구상과 평가는 인간사의 다양한 측면을 보여주지 못합니다. 지원 조직과 수혜자 간에 문화정체성과 사회다양성을 존중하는 공통 언어를 찾아야만 합니다. 세계은행은 구조조정을 시장자유화로 보지만 그것을 경험하는 현장의 지역민들에게 구조조정은 곧 문화말살입니다.

발전의 두 얼굴

발전이라는 말은 널리 사용되지만 사람들이 그 뜻을 제대로 이해하는 것 같지는 않습니다. '발전'은 대개 자유나 해방, 민주주의처럼 긍정적인 의미로 간주됩니다. 시암 경제 발전 모델을 만드는 데 중심역할을 한 푸이 웅파콘 박사는 발전의 전제조건 여덟 가지를 분명히 밝혔습니다. 자유, 평화, 정의, 상호부조, 가치 있는 목표, 계획적인 절차, 효율성, 그리고 합당한 견제를 받는 신중한 권력 사용이 그것입니다. 푸이 박사는 소득 증가, 건강상태 개선, 경제적 안정, 생산 결과의 고른 분배를 가치 있는 발전 목표로 설정하며 단순히 1인당 GDP 신장을 발전 목표로 잡는 견해에 맞섰습니다. 그는 국가 발전은 오로지 경제와 공공복지의 문제라고 보는 관점을 경계했습니다. 발전은 우리가 아는 모든 영역과 관련돼 있으며 윤리 원칙에 기초해야 합니다.

붓다다사 스님은 발전을 뜻하는 타이어 '파타나patana'의 원래 의미는 혼란이며, 같은 뜻의 불교용어 '왓타나vadhana' 역시 진보와 퇴보를 동시에 의미한다고 말했습니다. 이반 일리치는 발전이라는 말의 근본개념이 되는 라틴어 '프로그레시오progressio'는 광기狂氣를 의미하기도 한다고 지적했습니다. 붓다다사 스님과 일리치의 언급에는 반박의 여지가 없습니다.

서로 다른 사람들이 발전이라는 말을 각자 다른 의미로 사용합니다. 우리는 어떤 결과를 목표로 하는지 스스로에게 물어야 합니다. 목표가 전기를 생산하고 깨끗한 수돗물을 공급하며 관개시설을 확보하고 농·어업을 지원하는 것이라면 댐을 만들 수도 있습니다. 그러나 구성원의 행복이 목표라면 댐 건설은 다시 생각해볼 문제입니다. 어떻게 하면 발전의 결과가 사람들을 진정 인간적으로 살게 하며, 서로의 관계를 증진시키고, 자기이해를 높이며, 생명의 본질에 대한 통찰을 향상시킬까요?

발전은 양을 강조할 수도, 질을 강조할 수도 있습니다. 양에 초점을 맞추면 결과를 측정하는 데는 용이하겠지요. 그러나 더 많은 공장과 학교, 병원, 음식, 옷, 일자리 혹은 소득이 곧 삶의 질 향상으로 이어지리라는 생각은 잘못된 기대입니다. 이 모두는 필요하기는 하지만 그것만으로 충분하지는 않습니다. 사람들은 그 이상을 원하고 찾아 나서며, 자기 잠재력의 최대치를 실현하고 싶어 합니다. 그것은 바로 내가 누구인가의 문제이며 신성神性과 관련됩니다. 발전이란 우리 인간의 본질을 고려해야만 하는 것입니다.

인간을 위한 경제학

생명에 대한 간디의 접근방식, 그리고 그가 서구와 대면한 방식은 우리에게 좋은 실마리를 제공해줍니다. 내가 '간디식 발전'이라 이름붙인 그것은 욕망을 줄이고 폭력을 멀리하며 영성의 개발을 도모한다는 점에서 불교철학의 기반 위에 있습니다. 이렇게 진정한 발전은 자연과의 조화에 있으며 생명의 율동과 리듬에 발맞춥니다. 간디에게 삶의 질이란 발전의 과정이자 결과였습니다. 간디는 인생의 목표를 물질 생산과 축적에 두기를 반대하고 정신의 중요성을 강조했습니다. 물질에 덜 의존할수록 정신의 자유는 더 커진다고 그는 말했습니다.

우리가 소박한 만족과 전통가치의 보존, 정신과 육체의 점진적 진보에 초점을 맞춘다면, 다른 가치들은 저절로 따라올 것입니다. 또한 외부의 전문가에게 일방적으로 의시하는 대신 독립과 상호의존이 자리를 잡게 될 것입니다. 마을 차원에서나 국가차원에서나, 간디식 발전은 도덕적이고 용기 있는 결정을 하는 사람들과 더불어 시작되고 마무리됩니다.

어떤 이들은 간디식 반反물질 성향을 따르면 경제 발전을 성취할 수 없다고 주장합니다만, 그들은 무엇이든, 특히 기계나 관료 제도는 커지면 커질수록 비인간화된다는 점을 간과합니다. 여기서 E.F.슈마허의 다음 말을 다시 생각해보려 합니다. "불교 경제학의 핵심은 단순성과 비폭력이다. 경제학자의 관점에서 봤을 때, 불교식 생활방식의 경이로움은 그 완전한 합리성에 있다. 지극히 적은 투자로 엄청나게 만족스런 결과를 끌어내지 않는가." 슈마허는 작은 것이 아름다울 수 있다면, 경제학도 생산보다 사람을 더 중요하게 여길 수 있다고 강조한 첫 번째 서구 경제학자일 겁니다.

결과를 양으로만 판단하는 경제학자들에게 간디의 방식은 비생산적으로 보일 테지요. 슈마허는 간디의 방식을 연구하기 시작하면서, 간디가 경제학의 복잡한 내용을 몰랐던 것이 오히려 잘 된 일이었다고 말하며 그로 인해 간디 고유의 천재성과 정신에 대한 강조가 빛날 수 있었다고 했습니다.

간디의 방식은 마을 차원에서 시작하며, 마을 문화를 지키고, 기계가 필요 없는 생산을 늘려 마을 생활의 진보를 촉진합니다. 또한 놀이를 삶의 일부로 만들며 일을 놀이의 일부로 만듭니다. 자립하는 마을이 많아질수록, 더 많은 마을이 국가 차원의 의사

결정에 참여할 것입니다. 이것이야말로 정치적으로, 문화적으로 탈중앙화된 경제입니다. 이렇게 되면 도시의 산업은 천천히 발전하겠지만, 시골을 착취하여 도시가 이득을 취하는 일은 없어질 것입니다. 마을 생활이 만족스럽고 지속 가능하다면 시골 사람들이 도시로 흘러들어가는 일도 줄어들겠지요.

아시아 발전에 불교 같은 토착모델을 적용하는 것은 문화적으로 적절한 방법입니다. 불교적 발전에서는 내적 힘을 먼저 계발하고 그 다음에 타인을 향한 자비로 나아갑니다. 일은 성공을 위한 수단이 아니라 기본수요 충족을 꾀하되, 다른 사람들과 더불어 즐기며 하는 것입니다. 소박한 삶은 착취 없이도 만족을 누리게 합니다. 법(담마)은 스스로를 치유하는 자기계발을 중시하며, 그렇게 함으로써 사회 치유로 나아갑니다.

깨달음의 열망을 품은 사람이 머리와 가슴, 독립과 상호의존, 양과 질을 조화시키는 영적 행로를 따르듯이, 원조 기구들이 그런 방법으로 발전을 돕는다면 어떨까요? 영적인 스승은 제자들의 문제를 해결해주는 대신 그들이 스스로 문제를 해결하도록 힘을 길러줍니다. 물질적 번영을 목표로 한 대출 제공으로는 사회 문제를 해결할 수 없습니다.

모든 사람이 적절한 의식주와 의약품을 갖추는 것이 시작점입니다. 이러한 생활필수품은 사치가 아니라 기본 욕구에 대한 소박하고 직접적인 충족으로서, 영적 생태 건설의 기반입니다. 사람들은 사회와 자연의 보호 속에 안전하게 살고 있다고 느낄 때, 개인과 공동체의 역량을 강화하는 발전을 구상할 수 있습니다. NGO 운동, 특히 전 세계의 기부자들보다는 지역민들과 직접 연결된 지역 NGO 운동은 이런 점에서 공동체의 가치를 부각시킴으로써 긍정적인 영향을 발휘해 왔습니다.

전체를 위한 하나, 하나를 위한 전체

불교 상징인 인드라망(매듭마다 서로를 비추는 구슬이 달려있는 그물)을 생각하면 이 발전모델을 이해하기가 쉬워집니다. 각 매듭의 구슬은 전체를 비추며, 전체는 하나하나의 구슬에 투영됩니다. 권력이 한 곳에 집중돼 있지 않고 모두에게 존재하는 공동체를 상상해 보세요. 개인과 공동체는 스스로 나아갈 방향을 결정한 후에야 외부의 구조적 지원을 요청하겠지요. 현재 세계은행의 개발계획은 개인이 자기 방식으로 발전 과정에 참여하겠다는 요구를 묵살하겠지만, 이런 모델에서는 집단과 개인 간의 연결이 필수입니다. 협동이 그렇고, 공동체의 모든 부문에서 민주적이고 역동적인 상호작용이 그렇듯이 말입니다. 이 모델은 명확하고 효율적인 의사결정 방식을 갖추고 있어서, 개발 기구들이 흔히 업무 파트너로 삼는 위계적 조직들의 중요성을 감소시킬 겁니다.

세계은행을 비롯한 대출 및 지원 기관들은 기반시설 개발과 개발 원조 대출에 전문성을 갖고 있습니다. 헌데 그들이 엉뚱하게도 지역사회와 개인이 겪을 변화의 양상을 결정한다는 것은 참으로 이상한 일이거니와, 누구도 원하지 않습니다. 다만 우리는 연결과 협동을 확대할 필요가 있고, 이런 점에서 세계은행이 개발도상국의 여러 부문을 서로 연결함으로써 도움을 줄 수 있습니다.

가난을 줄이기 위해서는 가난한 사람들이 자기의 꿈을 분명히 표현할 공간이 마련돼야 합니다. 전문가라는 개념은 단순히 박사학위나 관념적인 전문지식을 가진 사람에 대한 지칭을 넘어서 현장 경험과 통합적 이해가 풍부한 사람을 가리키는 것으로 확대되어야 합니다. 이런 식으로 참여형 발전 모델을 세우는 것은 상호의존이 존중받는 세계, 조직이 일종의 '사회적 생물다양성'을 길러내는 세계를 향한 작지만 긍정적인 발걸음입니다.

우리는 정책의 대상이 되는 사람들을 책임지지 않는 경제정책, 그리고 부당한 현 상황을 유지하는 사법체계에 도전해야 합니다. E. F. 슈마허가 '인간 중심의 경제학'에서 말한 대로, 우리에게는 대안적인 경제ㆍ정치 전략이 필요합니다. 그리고 우리 존재의 여러 측면을 통합하도록 끌어주며, 머리와 가슴을 이어주는 교육이 필요합니다. 이러한 과정을 통해서 우리는 더 정의롭고 평화로운 세상을 만들 수 있습니다.

4장

교육에 던지는 근원적 질문

서구의 대학은 객관성은 중립적인 것으로, 주관성은 편향된 것으로 간주합니다. 교육은 사회에서 살아가는 방법, 억압과 착취를 극복하는 방법을 배우는 과정이자 지혜를 기르기 위한 과정으로 다시 짜여야 합니다. 18세기 계몽의 시대 들어서 이성과 개인주의가 감성과 협동의 가치를 추월하면서 이런 포괄적인 교육은 사그라졌습니다.

불교의 교육은 인간의 근원적 질문에서 시작합니다. 삶의 의미는 무엇인가? 인간의 가장 깊은 곳에 자리한 본성은 무엇인가? 우리는 다른 생명에 대해 어떤 책임을 지니는가? 불교는 교육과 삶을 분리하지 않습니다. 2세기에 건립된 인도의 날란다 대학은 세계 최초의 대학이었으며, 불교와 학문 연구의 중심이었습니다. 날란다 대학은 방대한 도서관을 갖추고 있었고, 걸출한 학자들로 이루어진 교수진과 불교 수행자들로 넘쳤습니다. 중국 순례사들이 남긴 기록에 의하면 아시아 전역에서 온 만 명의 승려가 논리학과 의학, 수학, 그리고 불교를 공부했다고 합니다. 날란다 대학은 천 년간 이어졌습니다.

생태학자 토마스 베리에 의하면, 오늘날의 대학은 '세계에서 가장 위험한 기관'입니다. 대학은 현실의 문제와는 동떨어져 행진하는 경제 합리주의자들의 군대를 양산합니다. 그들은 '가치 중립'적인 학문을 추구한다면서, 정말 필요한 도덕적이고 정신적인 문제들을 간과합니다. 그들은 세계 경제에 깊이 연루된 나머지 합리성의 역할을 이윤추구 등 경제적 영역에만 한정하고 개인과 정치 영역에서의 통합노력은 무시해버립니다. 대학의 목적은 자유로운 학문 추구라고 그럴듯한 핑계를 대지만, 거대 학문에 대한 거대 투자는 어마어마한 사업입니다. 베리는 대학들이 가치의 문제를 진지하게 다루도록 윤리 학장을 임명해야 한다고 촉구했습니다.

19세기 정치지도자들은 믿음이나 문화보다 과학, 경제학, 사회학, 인류학, 철학, 역사학을 우위에 두었습니다. 모든 지식 분야에 과학적인 방법을 교조적으로 적용하는 과학만능주의는 오로지 이성적 사고만이 현실을 관찰하고 이해하는 데 유효하다고 믿습니다. 과학만능주의는 물질과 양적 측면에만 초점을 맞추며, 정신과 질적 측면은 무시합니다. 이성적이지 않은 것은 과학적 탐구 범위 바깥에 있으므로 가치가 없다고 치부합니다.

주류 과학에 힘입어 우주에 대한 우리의 인식은 급속도로 확장되었고, 고약한 자연현상을 통제할 수 있게 되었으며 여러 가지 질병의 치료법도 알아냈습니다. 하지만 그 대가는 무엇인가요? 전기, 교통, 통신, 의료의 발달과 함께 우리는 황폐화된 풍경, 자원낭비, 생물다양성 감소, 대량 살상무기의 증가를 봅니다. 인간적 가치와 윤리적 책임에서 멀어진 과학기술은 쉽게 탐욕에 조종당하며, 원인이 있으면 결과가 따른다는 도덕법칙에도 눈을 감습니다.

미래에는 인간을 비롯해 생명체 모두에 대한 기업의 지배력이 더 강화될 것입니다. 기업들은 동식물의 유전 구조를 바꾸어, 그 변형생명체에 대한 특허권과 소유권을 주장합니다. 토착 원주민과 농민 등 지역 생산자들은 그들의 조상이 수천 년 동안 심어왔던 작물의 재배 권리를 잃어갑니다. 1992년 브라질 리우 유엔환경개발회의에서 채택된 '지구생물다양성조약'은 국제자본이 개발도상국들의 생물다양성을 이용하여 이윤을 창출할 구조를 만드는 계기가 되어, 원래 의도와 달리 이러한 흐름에 오히려 힘을 실어줄지도 모릅니다. 더 가난한 나라의 자원과 인력을 이용하려고 찾아다니면서, 이를 환경주의로 포장하는 녹색자본주의를 우리는 경계해야만 합니다.

냉전이 끝난 후, 자본주의가 승리했다는 인식은 오만과 망상을 낳았습니다. 신자유주의 경제학이 유포한 자유시장 자본주의가 그 냉혹한 증거입니다. 이제 사회경제적 다양성에 대한 관용이라든가 대안적 발전모델은 거의 존재하지 않습니다. 예전에 존재했던 전 세계 다양한 삶의 방식은 소비주의와 신자유주의 정책의 시행에 따라 지속적으로 사라지고 있습니다.

오늘날의 교육은 너무나 편협해졌습니다. 사람들은 그저 돈 잘 버는 직업을 얻기 위해 학위를 땁니다. 밑으로부터의 혹은 주변부의 목소리는 잘 들리지 않습니다. 정말이지 무지를 강요하고, 권력구조를 고착화하며, 자기이해에 등을 돌리는 교육 체계가 아닐 수 없습니다. 교육이 보다 효과적이려면, 상호교류와 공감, 포괄성을 바탕으로 해야 하며 몸과 마음 사이의 균열을 치유할 수 있어야 합니다. 불교 수행은 알아차림의 훈련을 통해 이러한 문제를 해결합니다. 알아차리기 훈련은 명상, 그리고 윤리적 삶에 대한 지침인 계율을 포괄합니다.

시골 사람들은 삶의 전체성과 자연법칙의 존엄성을 이해합니다. 그들이 우리에게 순리에 맞게 사는 법, 위엄과 신성 속에 사는 법을 가르쳐줄 것입니다. 우리는 사회 진보와 자생적인 지혜 사이에 균형을 맞추어야 합니다. 우리에게는 존재의 여러 측면을 통합하도록 이끄는 교육이 필요합니다. 명상과 예술을 통하여 우리는 어머니 지구와 연결되고, 조력자 자연을 재확인하며, 환경이 우리의 일부임을 알 수 있습니다. 평화의 씨앗을 심음으로써, 자신의 내면을 향해 방향을 전환함으로써, 스스로를 치유하고 나아가 우리가 살아가는 이 땅을 치유할 수 있습니다. 리처드 로드리게스가 말했듯, "교육은 급진적인 자기 개혁을 요구합니다."

/

　서구에서 교육은 돈벌이에 유리한 지식과 기술을 획득하는 수단이거나, 경제활동을 도와줄 인적 자본의 다른 형태로 인식됩니다. 학자이자 평화활동가였던 애덤 컬은 다음과 같은 말로 대안을 제시합니다. "교육은 각자의 숨겨진 가능성을 찾아내고 자기실현을 통해 창조를 가능케 하는 배움의 과정이다." 이것은 불교의 교육관과 유사합니다.

　불교의 교육은 삶과 교육을 분리하지 않습니다. 불교도에게 교육의 목표는 무지로부터의 해방입니다. 붓다는 계戒, 정定, 혜慧 삼학三學을 가르쳤습니다. 지혜는 존재하는 모든 것이 상호 연관되어 있음을 아는 것입니다. 진정한 지혜란 편견이나 고집 없이 세계를 있는 그대로 보면서 현상을 이해함을 말합니다. 지혜를 얻으면 이는 곧 자비와 통하며, 타인을 돕는 일이 나의 영원한 사명이 됩니다.

　불교 교육에서는 지성과 감성의 발달을 동시에 추구하며, 배운 것을 실천할 때는 사회와 조화를 이루도록 합니다. 교육은 편견과 이기심에 의한 왜곡 없이 삶과 세계를 이해하게 합니다. 불교 교육은 자비와 겸손, 관용과 지혜, 그리고 알아차림을 통해 불안과 구조적 폭력, 테러를 잠재우고 평화를 만들어냅니다.

우리에게는 인식의 다양성이 필요합니다. 똑같은 가치를 지닌 다양한 형태의 지식이 각기 다른 환경에서 요구됩니다. 어떤 지식은 인간이 달나라에 닿는 데 필요하며 어떤 지식은 환경의 지속가능성을 높이기 위해 필요합니다. 어떤 지식은 초강력 폭탄 제조에 쓰이고, 어떤 지식은 평화를 구축하는 데 쓰입니다. 현대 의학이 내 요통을 낫게 하지 못하면, 나는 침술사에게 갈 수도 있습니다. 이건 상식이며 일상생활에는 이런 사례들이 아주 많습니다.

우리는 아무 비판 없이 '정립된 지식'을 받아들입니다. 의사가 내 병을 치료하지 못해도, 그의 권위나 의학적 치료법에 의문을 제기하지 않습니다. 그보다는 오히려, 내가 소위 전문가보다 모른다고 생각하며 나의 지식에 의문을 가지지요. 현대 교육이 바로 이와 같습니다. 현대 교육은 무지한 학습자와, 전문가가 오류 없이 전달하는 성립된 지식이라는 확고한 체계를 전제로 합니다. 이제 우리가 진정으로 깨어나기 위해 계몽주의의 근본원칙들에 질문을 던져야 할 때입니다.

대학의 역할은 가르치는 데 있지 않습니다. 더구나 학생들을 특권계층이 되도록 가르치는 게 대학의 역할은 아니지요. 학생들에게 기본을 가르치고 훈련하는 것은 초중등학교에서 해야 할 일입니다. 대학은 무엇보다 진정한 '배움'이 주된 일이어야 합니다. 대학은 탐구하고 배우는 공간이어야 합니다. 과거, 불교를 핵심요소로 했던 타이 교육은 사람들이 그들의 삶에서 행복해지는 법을 교육하는 데 주력했습니다. 교육이란 인내, 우정, 균형, 신뢰를 통해 행복을 일구는 예술이었습니다.

개혁은 옛것을 부수고 바꾸는 것을 의미합니다. 역사의 어느 시기도 지금처럼 교육 개혁이 절실했던 적은 없었습니다. 교육 개혁을 통해 우리가 현재 직면한 사회적, 정치적 도전에 대처할 길을 찾아야 합니다.

문화적 뿌리의 재발견

/

미술과 음악, 춤은 항상 내 조국의 교육, 환대풍습, 심지어 외교의 일환이었습니다. 예컨대, 방콕의 공식 대표단이 치앙마이를 방문할 때마다 북쪽 치앙마이 측은 손님을 환영하고 즐겁게 하기 위해 춤을 추곤 했습니다. 그러면 방문자인 남측도 그들을 따라 춤을 추며 함께 도시로 들어갔지요.

농부나 일꾼들이 옷을 만들기 위해 옷감을 짤 때면, 가족이나 동료 일꾼들이 힘을 돋워주기 위해 노래를 부르거나 악기를 연주했습니다. 사람들은 땅을 갈거나 추수를 할 때도 노래를 불렀으며 그러한 수확물을 이웃과, 또 스님들과 함께 나누었습니다. 아름다움은 계절의 리듬을 따라 삶 속에 직조돼 들어갔습니다.

오늘날 우리 타이인들은 이런 의미 있는 삶에서 멀어졌습니다. 근대화와 더불어 우리의 전통방식은 뿌리째 뽑혀버렸고, 쇼핑몰이 사원을 대신하여 지역 사회의 중심지가 되었습니다. 중·상류층은 소비주의에 빠져 자원을 낭비하고 자연을 오염시킵니다. 고등교육은 자비롭고 책임감 있는 시민이 아닌 권력의 하수인을 양성합니다. 예전에 권력의 중심은 부처님의 법, 즉 담마였으나, 이제는 다국적기업의 문지기 노릇을 하는 부자들의 모임인 중앙은행으로 이동하였습니다.

문명이라는 용어는 원래 도시의 삶을 일컫습니다. 타고르는 서구의 문화는 도시에서 나온 반면, 아시아 문화는 정글에서 나왔다고 보았습니다. 아리스토텔레스는 도시의 삶이 진·선·미를 가꾸는 유일한 길이라고 했는데, 숲에서는 이러한 '호사'를 가꾸고 누릴 시간이 없기 때문이라고 했지요. 반면 루소는 과학과 예술이 우리를 묶어 노예화하는 사슬을 감추는 화환花環이자, 우리가 날 때부터 지니고 있는 자유의식을 억누르는 도구라고 했습니다.

우리가 인생을 예술이라 여기고 내면의 아름다움과 도덕적 기백을 키워간다면, 건축과 문학과 예술에서도 미와 도덕이 뚜렷이 감지될 것입니다. 자생적으로 자라 참여하는 가운데 조직을 이룬 빈민회의The Assembly of the Poor는 그들의 문화적 뿌리를 재발견하는 방법으로, 미의 개념에 대한 포괄적인 재평가를 주장해 왔습니다. 빈민회의는 '심야대학Midnight University'이라 불리는 특수 교육 기관과 연대하여 활동해 왔습니다. 심야대학은 지역 고유의 지혜와 문화를 바탕으로 하여 지속가능성, 분쟁 해결, 불교, 자원운용, 그리고 네트워크 형성 등을 가르칩니다. 심야대학은 단순하고 아름다운 삶의 방식에 자부심을 갖게 합니다. 그것은 사람들이 억압과 착취에 대항하고, 희망을 키우고, 삶의 풍요를 누리게 하는 교육입니다. 우리는 미에 대한 전통 개념을 정의와 인권, 환경을 위한 비폭력 투쟁에 통합시킬 수 있습니다. 그리고 그것은 진리로 가는 또 다른 문을 열어줄 것입니다.

/

불교경제학의 고전인《작은 것이 아름답다 : 인간을 위한 경제학》에서 E. F. 슈마허는 인간이 이윤과는 비교할 수 없이 중요하다는 점을 일깨웁니다. 그는 붓다의 가르침에 맞게, 바른 경제활동과 적절한 과학기술로 돌아가라고 우리에게 말합니다. 경제학에 인간적 차원을 다시 도입함으로써 슈마허는 대안교육 운동에 상당한 기여를 합니다.

이반 일리치와 파울로 프레리, 그리고 라틴 아메리카의 가톨릭 신학자들을 비롯한 다른 서구 사상가들은 논리학과 과학이라는 서구의 관점에 서서 서구의 세계관에 도전해 왔습니다. 일리치가 지적한 대로 학교교육은 '산업사회라는 신화를 만드는 핵심 활동'으로, 근대의 통과의례입니다. 학교는 학생들이 '경제성장이 제일 중요하다는 이데올로기에 완전히 헌신'하도록 하며, 대학은 '지금껏 세상에 존재한 모든 입문 의례의 최종 단계'가 됩니다. 언어는 권력이 만들어 놓은 틀에 맞도록 완벽하게 조율된 나머지, 저항이 형성될 만한 개념이나 함의가 제거돼 버렸습니다. 무언가에 대한 항의는 비이성적이며 거친 것으로 인식됩니다. 학생들은 비판적으로 사고하지 말고 현재를 그대로 따르도록 교육받습니다. 이런 일차원적 담론에서는 논리만이 중립적인 것으로 여겨질 뿐, 직관이나 초월이나 신비는 눈에 보이지 않는 것으로 치부됩니다.

이 소비주의 일색의 문화에서 개인은 자연으로부터, 문화로부터, 그리고 서로에게서 소외됩니다. 풀뿌리 공동체 역량 증진 교육은 이러한 조류에 대응할 방법을 제시해줍니다. 교육은 우리 외면과 내면 모두를 다룰 필요가 있습니다. 우리는 현재의 과학을 넘어, 내면의 평화와 자유를 실현하게 해줄 대안 기술을 찾아야 합니다. 그리고 이 기술들이 사회와 맞물려 모두에게 이익이 되도록 해야 합니다. 우리 문화의 뿌리와 그것이 걸어온 길을 기록해야 합니다. 과거로 되돌아갈 수는 없지만, 보다 윤리적인 과학을 창조하려는 열린 마음으로 과거를 되짚어볼 수는 있습니다.

사회는 무한한 성장보다 지속가능성을 추구할 때 더 건강해집니다. 어려움에 처한 사람들이 서로 도울 때, 권력을 차지하려고 다투기보다는 공유할 때, 자연을 개발하기보다는 존중할 때, 영성과 지혜가 존경받을 때 사회는 더 건강해질 것입니다.

전 세계에는 이러한 비전을 실현하기 위해 헌신하는 사람들이 있습니다. 그들은 사회와 자기 안에 있는 구조적 폭력을 분명히 깨닫고, 모두를 해방하기 위한 보살의 길을 가는 중입니다. 이 도전적이지만 보람 있는 교육의 길은 사색과 실천의 결합이며, 영성과 정치, 유머와 진지함의 결합입니다. 아시아 여러 나라에서는 '불교 전통'이라는 보물이 지속가능한 미래를 창조해 나가려는 젊은이들의 노력을 이끌어주고 있습니다.

인간이 행복하게 살기 위해서는 물리적, 사회적 자유와 함께 내면의 자유가 필요합니다. 물리적 자유, 즉 자연 및 환경과 조화롭게 살아갈 자유는 결핍과 박탈로부터의 자유를 포함합니다. 의식주 및 기본 의료 서비스를 충족하고 자연재해에 대처할 능력을 갖추고 있음을 뜻하지요. 사회적 자유, 즉 다른 사람들과의 관계 속에서의 자유는 착취당하지 않고 안전하게 더불어 살아감을 말합니다. 내면의 자유란 독립적으로 내면의 만족을 느끼며 자연이나 다른 사람을 착취할 필요 없이 살아가는 것입니다.

서구에서 사회적 병리를 치료하는 대표적인 접근법은 사회공학입니다. 반면 불교 국가에서는 머리와 가슴을 통합시키는 데 주력하며 문제를 통합된 방식으로 다룹니다. 사성제 중 첫 번째인 고성제, 즉 고통이 존재함을 이해하고 나면, 고통의 원인을 탐구해야 합니다.

제3세계 국가들이 소비주의 시류에 편승하면서 우리의 교육 체계는 서구교육의 이류 모방이 되었습니다. 우리 교육은 단견

적이고 자기중심적인 사고를 생산했으며, 때로는 전통의 지혜를 도용하여 왜곡시키기까지 했습니다. 우리는 소비주의와 기술 자본주의의 파괴적인 진군을 이겨내기 위해 고유의 전통 속에서 문화적 저항과 영감을 재발견해야 합니다. 자신의 문화와 경제적 건전성을 위협하는 세계화에 직면한 지역민들을 위한 토론의 장을 만들어가야 합니다. 우리 유산에 대한 자부심을 높이고 구조적 폭력에 저항하는 길을 마련하기 위해, 영성에 기초하며 생태적으로 건강하고 총체적인 교육을 제시해야 합니다.

작은 것이 아름답다

나는 지난 몇 년간 '지속가능한 공동체 센터Center for Sustainable Communities'를 만들기 위해 노력해 왔습니다. 이 센터는 발전에 대한 총체적 이해를 바탕으로, 정신적·문화적으로 적합한 발전모델을 개발함을 사명으로 합니다. 즉 모든 종교와 영적 전통에 공통되는 가치를 촉진하고, 시민의 사회참여를 독려하며, 고유의 지혜를 보전하고, 생태적 세계관을 확장해 가는 것입니다. 센터는 올바른 과학기술, 지속가능한 삼림관리와 농업, 생태 경제학, 조직운영 기술, 그리고 여러 가지 소득 창출 활동을 소규모로 적용한 시범·연구·훈련기관으로 자리매김 하려 합니다. 또 새로운 개발 프로젝트에 대한 훈련을 실시하고, 평가 절하된 공동체와 생태계를 재건하며, 풀뿌리 공동체 강화라는 목표 아래 지속가능한 개발의 정신·문화·생태·기술 측면을 통합해내려 합니다.

이러한 구상은 SEM*기치 하에 몇십 년간 함께 활동하며 대안적인 교육과 상주 훈련 프로그램을 운영했던 풀뿌리 NGO들의 협업 과정에서 도출되었습니다. 우리는 대안적 개발, 심화 생태학, 갈등조정, 비폭력 운동, 불교 경제학, 대안 정치학, 예술, 신흥 전체론적 세계관, 세계화와 그 영향, 사회적 실천과 명상 등의 강좌를 개설하고 운영해 왔습니다.

1996년 SEM은 아시아 소수민족집단의 종교 지도자들을 위해 3개월 과정의 기초 훈련 교육을 만들었습니다. 교육과정은 다음의 세 가지로 구성되었습니다.

1. 균형 잡힌 관점 개발
2. 풀뿌리 활동 주도 체험
3. 조직운영 기술 훈련

많은 참가자들이 자기 나라로 돌아가서 그들의 신앙에 뿌리를 두고 아래로부터의 참여를 끌어내어 소규모 공동체 발전 사업을 시작했습니다. 우리는 이제 기존 참가국들에 대한 후속 프로그램을 포함하여 이런 교육과정을 매년 실시합니다.

---

* SEM Spirit in Education Movement, 교육 속의 영성운동 : 현대 교육은 물질주의, 기술주의, 과학만능주의를 기반으로 한다. 오늘날 교육은 경제의 관점에서 기획되고 통제되며 비즈니스의 대상이 된 지 오래다. SEM은 교육 속에 뿌리내린 물질주의를 넘어서 교육의 전체성과 영성을 회복해나가는 운동이다. 술락 박사에 의해 창설되었으며 타이 외에 라오스, 미얀마 등지로도 활동을 넓히고 있다.

1997년 SEM은 시암 빈민회의의 중간 지도자들을 대상으로 이와 유사한 프로그램을 시작했습니다. 이들은 정부와 거대기업 주도의 개발로 피해를 입은 사람들이었습니다. 많은 이가 댐 건설로 이주당한 경험이 있었습니다. 이 프로그램은 가난한 농민들을 고무하여, 지속가능하며 자기 문화의 가치를 긍정하는 올바른 개발 사업을 시작하게 하자는 데 목적이 있었습니다.

이 작업의 결과 '소비주의 대안회의Alternatives to Consumerism Conference'가 창설되었습니다. 이 회의에서는 영성 지도자와 NGO 및 공동체 대표 200명이 모여 과잉 소비를 부추기지 않으면서 빈곤을 줄여나갈, 참여가능하고 규모가 적정한 개발에 대해 토론했습니다. 이 중 70명으로 구성된 모임은 아직도 활발히 대안 문화 모델을 만들고 기록하며, 마을 차원에서 이용 가능한 교육과정을 개발하고 있습니다. 이런 사실들을 볼 때, '지속가능한 발전 센터'의 상설 훈련에 더 폭넓은 프로그램을 마련할 필요가 있음을 알 수 있습니다. 센터는 지역에서 풀뿌리 지도자 훈련의 기반 조직 역할을 할 것입니다.

제3세세 선체를 볼 때, 수십 년에 걸친 소위 '개발'에도 불구하고 많은 가난하고 소외되고 소수자로 내몰린 집단들이 여전히 생존과 문화 정체성, 자치권을 위해 분투 중입니다. 이러한 집단의 젊은 지도자들은 이 세계가 어떻게 돌아가는지 이해해야 하며, 참여형 개발 활동에 유용한 실용적 기술을 연마할 필요가 있습니다. 또 적절한 기술과 작고 지속가능하며 공동체의 소득을 창출하는 여러 활동들을 접해봐야 합니다. 한번 이런 방식을 연마하고 나면, 그들은 공동체의 귀중한 자산이 되어 빈곤 해소에 지역의 자원을 활용하며 근대화의 파괴적인 면으로부터 스스로를 지켜낼 면역체계를 만들어 낼 것입니다.

NGO 운동에서 얻은 가르침을 통해, 우리는 이러한 목표가 성공할 수 있다는 확신을 갖게 되었습니다. 다만 우리가 가진 풍부한 경험을 잘 활용하기만 하면 됩니다. 눈앞의 시급한 일들에 시달려온 공동체들이 식량 불안정과 낮은 교육수준, 하루살이 생계, 채무 등의 문제에 대해 가능한 해결책을 찾아 나가고 있습니다. 신용 조합, 공동체의 소득창출, 지속가능한 농업, 리더십 훈련 같은 사업들이 진행 중인데 제법 만족스럽게 운영돼 왔지요. 참가자들 중에는 기독교 성직자들도 있는데, 시암과 필리핀에서의 경험을 설교의 자양분으로 삼아 일반적인 개발 방식에 의문을 제기하는 한편, 지역공동체를 활성화하고 적정한 규모의 사업만을 펼치자고 설파해 나가고 있습니다.

'지속가능한 공동체 센터'는 영성에 바탕을 두고 교육을 진행하며 어떤 신앙을 가진 사람도 환영합니다. 모든 프로그램은 다양한 인종 및 토착 문화와 적극적인 문화 접속을 시도하려 합니다. 성차性差를 인정하고 공정하게 대우하며 성평등 감수성에도 모든 면에서 열려 있습니다. 센터에서 가르치는 기술은 문화적으로 올바르며, 가능한 한 현지에서 조달할 수 있는 요소들로 만들어집니다. 모든 프로그램은 풀뿌리 지향적 관점을 분명히 하고 밑으로부터 지도력을 키워나감으로써 시민사회 건설을 도울 것입니다. 생태적으로 지속가능한 생활방식과, 파괴된 환경 및 공동체 재건 프로그램을 더욱 장려할 것입니다. 이를 위해 지역사회 개발과 환경 복원 기술 및 그 실습을 교육할 계획입니다.

이 훈련 프로그램의 구체적 목표는 다음과 같습니다.

- 공동체 조직가와 활동가의 지역적 가치를 분명히 하고 영적 기반을 튼튼히 함으로써, 풀뿌리 지도자의 능력과 영향력을 강화한다.
- 가난하고 소외되고 소수자로 몰린 사람들이 능력을 키워 공동체가 생존하고 문화 정체성 및 자치권을 획득하도록 리더십 훈련의 기회를 제공한다.
- 유기농법과 적절한 기술로 소규모 지역사회 개발 활동을 전개하는 시범 센터를 만든다.
- 모든 활동에 상향식으로, 문화적으로 올바른 방식으로 접근한다.

활동 계획은 다음과 같습니다.

• 이 프로그램은 개발과 문화적 전통을 연결하려는 영적 지도자들을 지원함을 목표로 한다. 즉, 지역사회에 맞는 개발 모델을 찾기 위해 고심하는 풀뿌리 NGO지도자들, 자립적인 전통 생활방식을 유지하려 분투하는 마을 대표들을 대상으로 한다.

• 교육과정은 영성, 전체론적 세계관, 지역사회 개발 기술, 농업분야의 지속가능한 발전, 소규모 사업 방식 등 넓은 범주의 대안교육으로 구성한다.

• 숲 걷기, 명상, 요가 및 기타 성찰 수련을 통해 참가자들이 자신의 영성에 더욱 밀접하게 가 닿도록 한다.

• 갈등을 해결하려면 건강한 공동체가 필수이다. 의사결정 과정에서 공감과 합의는 사람들을 행복한 삶으로 이끌 것이며 시골과 오지 개발 사업에 관한 거대 기업의 기만적 약속에 흔들릴 필요도 없게 된다.

• 마지막으로, 지속가능한 기술은 자원을 고갈시키거나 인간의 정신을 피폐화시키지 않고도 지역사회와 국가를 나날이 번영케 할 수 있다. 경사지 농경과 생태집약적 농업, 퇴비 만들기, 식량 저장 및 보존, 지속가능한 숲 살림, 우물 파기, 소규모 위생시설과 정수 시설이 그 예들이다.

실용과 동시에 성찰을 추구하는 교육은 평화구축의 핵심입니다.

5장

정치는 힘이 세다

정치는 의견을 조율하여 합의를 이루고 유지하는 과정입니다. 사람들은 언제나 현재의 상황에 불만을 느끼고 고충을 토로합니다. 좋은 정치는 격렬한 토론, 심지어 반대나 저항도 허용해야 합니다. 그러나 오늘날엔 정치가 권력자들에게 군사안보와 경제안정을 보장하는 관료적 실무로 혼동되는 것 같습니다.

도덕적 통치는 통치자와 피통치자 간에 근본적으로 평등한 관계를 만들어냅니다. 아주 좋은 경우엔 정신적 친구 같은 관계가 될 수도 있지요. 현실 정치의 상호작용 과정이 없다면 통치행위는 무분별하며 곧잘 억압적일 겁니다.

테러리즘과 싸우고 있다고 주장하는 지도자는 흔히 자기들을 선善의 편에 놓습니다. 그러고는 선을 명분 삼아 전쟁에 따르는 아군과 테러리스트 양측의 인명 희생을 도외시합니다. 통제 없는 개발은 무분별한 통치의 또 다른 예로, 그럴 때 환경 보호나 개인의 행복은 고려 사항이 되지 않습니다.

지도자가 피통치자들에게 "다른 대안이 없다"고 말할 때, 그 정치는 죽은 겁니다. 다른 대안이 없는 이유는 국민들이 상황을 똑바로 보고 행동을 취할 의지가 없기 때문입니다. 국민들이 오로지 자신의 안위와 물질적 안녕만을 생각할 때 다른 대안은 없습니다. 그러나 사람들이 성찰의 시간을 가질 때, 정치의 가능성은 언제나 열려 있습니다. 민주주의는 1인 1표, 권력 분립, 견제와 균형, 법치주의 같은 중요한 안전장치를 갖추고 있음을 잊지 마십시오.

지도자가 덕망을 갖추면 사람들은 그를 본보기로 여기고 우러러 봅니다. 법원이나 의회가 너무 가혹하거나 편견에 기인한 처벌을 내린다면, 그 정부는 실패할 것입니다. 반대로 법 적용이 지나치게 관대해도 같은 결과가 일어나겠지요. 권력을 사용함에 있어 입법부, 사법부와 국가의 지도자는 반드시 정의롭고 공정하며 도덕적 가치를 옹호해야만 합니다. 누구라도 그 점에 문제가 있으면 권력에서 물러나야 합니다.

불교 민주주의

붓다께서 처음으로 법을 설하셨을 때, 그는 많은 사람들의 안녕과 행복을 위해 바른 도리가 세상에 자리 잡도록 법의 바퀴를 굴리신 것입니다. 불교 민주주의에서 지도자의 임무는 담마를 보호하고, 도반들 역시 그렇게 하도록 격려와 질책으로 이끄는 것입니다. 붓다께서는 직접 승가 공동체를 위해 민주적인 법을 만드셨습니다. 그리고 그 기반에는 사람이 무엇보다 중요하다는 생각이 깔려 있습니다.

그러므로 불교 공동체의 계율vinaya은 민주적이고, 모든 계율의 제정 근거가 분명히 명시돼 있습니다. 일반적으로 계율은 다음과 같은 목적을 위해 존재합니다.

1. 공동체의 안녕을 위함
2. 공동체의 편리를 위함
3. 익한 자를 익세함
4. 행동이 바른 수행자들의 안녕을 위함
5. 현재 그른 행동을 하지 않도록 제지함

6. 미래에 있을지 모르는 그른 행실을 조심함

7. 믿음이 더 풍성해질 거라고 믿는 사람들을 도움

8. 믿음 속에서 더 강해질 거라고 믿는 사람들을 도움

9. 훌륭한 교리가 오래 지속되도록 도움

10. 원칙을 장려함

불교의 민주적인 계율은 깨어있기 훈련에 기반을 두며, 그것을 따르는 자들에게 방향을 제시해주는 기본 윤리입니다. 우리는 규칙이 제대로 작동할 때 그것을 존중합니다. 규칙을 어기는 사람들은 제재를 받습니다. 규칙을 지키는 사람들은 생활하기가 수월함을 알게 됩니다. 규범은 계율에 권위를 부여합니다. 붓다는 제자들에게 불법佛法과 계율을 스승처럼 여기라고 했습니다.

불교 민주주의에서 계율은 원칙과 적용이 모두 한결같습니다. 불교의 계율들은 실제 경험에서 비롯되었지, 어딘가에서 신성하게 부여받은 것이 아닙니다. 불교 민주주의에서는 양측의 얘기를 잘 듣고, 각각의 입장을 공평하게 생각하고 평가합니다. 나쁜 의도로 지도자의 판단을 왜곡해서는 안 됩니다. 인도의 옛 경전인 《마하바스투》에는 이런 말이 있습니다. "논쟁이 생겼을 때, 지도자는 양쪽에 똑같은 주의를 기울여 각각의 말을 잘 듣고

무엇이 옳은지에 따라 판단해야 한다. 편견이나 무지, 미움이나 두려움에 영향을 받아서는 안 된다."

붓다는 지혜와 광명정대의 화신입니다. 불교 정치 이론에서 볼 때, 국민들은 그들 지도자의 자질에 책임이 있습니다. 지도자가 올바르지 않으면, 지도의 권리를 박탈합니다. 그가 정치를 제대로 하지 않거나 함부로 한다면 그건 국민들이 잘못된 지도자를 선택했기 때문입니다. 지도자는 법 위에 있지도 않고 예외에 속하지도 않습니다. 보통의 시민들과 똑같이 책임을 물어야 합니다. 지도자라고 해서 잘못이 없으리라는 생각은 불교 가치관에서는 있을 수 없습니다. 불교는 모든 개인은 평등하며 그가 자기 의지로 행한 모든 행동에 책임이 있다고 가르칩니다. 업(카르마)의 법칙은 계급, 계층에 상관없이 누구에게나 적용됩니다. 어떤 지도자도 다른 모든 사람들이 복종하는 법 앞에서 특별한 권력이나 예외를 주장할 수 없습니다.

불교의 가르침은 개인의 자립과 노력, 책임을 강조합니다. 불교에서 삶의 목적은 자유와 행복, 그리고 앎을 얻는 것입니다. 그러기에 규범은 개인의 발전을 저해하지 않으면서 모두의 행복과 안녕을 위한 행위를 북돋울 수 있어야 합니다.

수행 공동체가 도입했던 재판 제도는 모든 사람을 동등하게 여기는 데서 출발합니다. 재판관 선출은 그 사람의 성격과 지혜, 경험, 공정성, 그리고 이치에 대한 이해 및 충실도를 고려하여 신중하게 이루어집니다. 고소나 고발을 할 때는 아직 유죄도 무죄도 아닌 피의자에 대한 연민의 마음으로 어떠한 악의도 없이 제기해야 합니다. 한편 피의자는 판결에 기꺼이 따르겠다는 자세를 가져야 합니다.

법원은 피의자가 범법 혐의를 받은 행위의 사회적 · 물리적 · 심리적 · 영적 차원을 깨달을 수 있도록 그가 참가한 상태에서 범죄 장면을 재연합니다. 그리고 나서 현명하고 경험 많은 승려가 고소나 고발의 중요한 배경과 함의를 법과 도덕에 근거하여 설명합니다. 기소자로서 그렇게 하는 게 아니라, 피의자에 대한 법원의 이해를 돕고 위법행위를 연민으로 바라볼 수 있도록 하기 위해서입니다. 피의자는 제시된 증거를 살펴보고, 원한다면 또 다른 증거들을 제출합니다.

불교사회의 법과 재판 제도는 피의자가 자기의 무죄를 입증할 모든 기회를 제공받도록 만들어졌습니다. 가장 하위 법원에서 최상위 법원에 이르기까지 어디가 됐든 다음 재판에서 무죄인 경우 바로 방면되고, 유죄로 판결이 난다면 상위 법원에 다시 재판을 요청할 수 있습니다. 전 과정은 피의자에게 가능한 모든 기회가 주어졌으며 불만을 품을 만한 어떤 여지도 없음을 스스로 확신하도록 설계되어 있습니다. 판결이 내려지면 전통 법전에 따라 행위에 걸맞은 처벌이 내려집니다.

회복은 범법자뿐 아니라 공동체에도 필요합니다. 공동체 회복은 법을 어긴 자가 재활을 마치고 다시 공동체에 소속되는 것을 가능케 합니다. 불교는 응징이 아니라 회복적 정의와 재활에 강조점을 둡니다. 불교도들은 업을 믿기 때문에 부당한 형벌이 가해지지 않는 제도를 만드는 데 심혈을 기울였습니다. 업의 법칙은 재판관에게도 똑같이 작용하므로, 재판관은 그가 만일 불공정한 판결을 내린다면 그 업으로 인해 고통 받게 되리라는 것을 압니다.

가장 엄한 처벌은 승가에서 추방되는 것입니다. 이런 정도의 벌은 승려가 네 가지 엄중한 죄악인 바라이波羅夷 중 하나에 빠졌을 때 내려집니다. 바라이는 다음과 같습니다. 첫째 음행, 둘째 절도, 셋째 살생, 넷째 갖지 않은 영적 능력을 가졌다고 하는 거짓말. 그 외 다른 범죄에 대한 처벌은 근신부터 재활까지 다양합니다.

여느 민주주의 국가의 재판 제도도 이와 같은 기준에서 운영

될 수 있습니다. 불교는 인간의 품성을 바꿀 수 있다는 믿음을 갖고 범법자에게 아량과 이해로 다가갈 필요성을 강조합니다. 또한 공무원들은 그들이 하는 일에 공무적인 한계가 있다 할지라도 (업의 관점에서) 책임이 있다는 신조를 갖고 있습니다. 그러기에 불교는 법학 중에서도 재활과 회복 이론에 주목합니다.

도덕적인 통치

시암에서 도덕적 통치의 기술은 브라만교에서 비롯됩니다. 국왕 라마 1세(1782-1809)는 힌두 고전작품인 《라마야나》*를 에메랄드 사원에 벽화로 그리도록 명령하여, 대의에 대한 헌신을 재천명하였습니다. 라마왕은 다른 왕들의 모범이 되었고, 차크리 왕조의 모든 왕들은 그 이름을 따서 라마로 불렸습니다. 라마 1세는 《라마야나》에 비추어, 백성들을 왕국 그 자체보다 더 강력한 무기에 비유했습니다. 왕국은 왕이 심장이 되고 국민이 몸의 나머지 부분이 되는 유기적인 몸체입니다. 서로 조화롭게 존재하지 않으면 왕국은 사라질 것입니다.

불교 국가에서 수도승 회의는 국가가 권력을 어떻게 현명하고 공정하게 사용할지 조언합니다. 승가가 세상사를 잘 아는 가

※ 라마야나Ramayana : 고대 인도의 대서사시로, '라마왕의 일대기'라는 뜻이다. 코살나국의 왕자인 라마의 무용담이 주 내용이다. 라마 왕자는 비슈누의 화신으로 묘사되며, 온갖 모험과 고난을 겪은 끝에 왕위에 오른다. 라마야나는 역사적 인물인 라마에 종교성을 부여함으로써 라마숭배를 확산시켰으며 후세의 문학, 종교, 사상에 큰 영향을 미쳤다.

운데 도덕성을 지지하면, 힘 있는 자들의 권력을 감시하는 역할을 하게 됩니다. 국가, 종교, 국왕이라는 타이 삼위三位는 영국을 지탱하는 슬로건인 신, 국왕, 국가 세 가지 요소를 따라 라마 6세 재위시(1910-1925)에 정립되었습니다. 이런 식으로 종교의 위상을 높이는 건 하나의 특정 종교가 최고임을 의미하지는 않습니다. 붓다다사 스님은 우리에게 국가주의, 군국주의, 자본주의, 심지어 불교까지 포함하여 어떤 이념에도 휩쓸리지 말라고 경고했습니다. 우리는 타인의 종교를 존중해야 할 뿐 아니라 종교를 갖지 않은 사람 역시 존중해야 합니다. 삶의 도전을 넘어서기 위해서는 우리 모두의 연대가 필수입니다. 불교 민주주의에서 좋은 통치는 연민과 비폭력에 뿌리를 두며, 인간애의 공유와 모든 지각 있는 존재의 상호연관성을 중요하게 여깁니다. 비폭력은 우리 모두 연약한 존재임을 인정하는 데서 시작합니다. 우리는 낯선 이의 친절에 기대어 살아가는 존재들입니다.

통치자는 성실하고 겸손해야 하며, 전문 관료나 사업가, 특정 분야의 권위자뿐 아니라 모든 사람들로부터 배울 준비가 되어있어야 합니다. 고통의 근본 원인을 찾아내어 해결하고자 한다면 우리는 서로 소통해야만 합니다. 통치자가 곧 국가는 아닙니다. 헌법은 권력을 감시해야만 합니다. 각각의 권력기관은 서로를 견제할 책임이 있습니다. "왕이 돌아가셨다. 국왕 만세."＊ 왕은 교체되어도 왕권은 지속됩니다. 권좌에 있는 개인이 국가 통합을 위한 힘이자 상징으로 여겨질 때, 그가 자기 '역할'과 자기 '자신'을 혼동해서는 안 됩니다. 그는 국민을 위한 우산 역할을 할 뿐입니다.

좋은 통치가 변질될 때는 항상 탐·진·치 삼독三毒 중 하나 이상이 작용합니다. 권력 남용은 증오를 반증하고 재산의 과도한 축적은 탐욕을 나타냅니다. 탐욕이 관료 사회에 뿌리를 내리면 조직은 소비주의라는 수렁에 빠져 로비스트와 정치인들의 조작과 속임수에 놀아나게 됩니다. 국왕 라마 5세는 왕세자를 다음과 같은 말로 현명하게 지도하였습니다. "좋은 군주는 가난해야하며 자신보다 백성을 더 사랑해야 한다."

탐욕이나 증오보다 더 나쁜 것은 무지입니다. 지도자는 누구보다 먼저 깨치고 개화하여, 반대와 비판을 허용하는 한편 총체적인 이해에 이르는 길을 제시해야 합니다. 이런 일이 가능하려면 지도자가 비난이나 비판을 회피해서는 안 됩니다. 비판은 권

---

* "왕이 돌아가셨다. 국왕 만세." : The king is dead, long live the King. 옛 왕이 죽었음과 동시에 새 왕이 곧 즉위할 것임을 선포하는 말이다. 프랑스 왕국에서 왕위 계승을 선언하는 말(Le roi est mort, vive le roi)로 시작되어, 나중에 영국에서도 그대로 쓰였다. 왕은 유한하나 왕권, 혹은 국가는 지속된다는 뜻으로 여기서는 원래의 의미에 더해 타이 왕실에 대한 간접적 비판을 담고 있다.

력을 제어하고 책임에 깨어있게 합니다.

　도덕성이 성숙하여 일상적인 상태가 되려면, 지도자와 헌법이
서로를 성장시켜야만 합니다. 좋은 지도자는 우리를 불의로부
터 일깨울 수 있습니다. 제국주의·자본주의·테러리즘의 시대,
세계화의 시대에 리더십이 도덕적으로 용기 있는 실천으로 전환
된다면, 우리는 불법적이고 무지한 힘 앞에 굴복하지 않아도 될
겁니다. 리더십은 헌법과 더불어 우리의 방어막이 될 수 있으며
국가를 착취로부터 지켜내는 법의 바퀴로 역할 할 수 있습니다.
또한 승가는 불법佛法과 계율로써 그 기준 되는 법을 삼으며, 국
가를 탐·진·치로부터 지켜내기 위해 용기 있는 시민들과 연대
해야 합니다.

　모든 민주주의는 동시대에 요구되는 윤리적 규범에 깨어있어
야 하며 국민을 통치자로 여겨야 합니다. 지도자가 거만하고 방
종할 때, 군대와 너무 밀착하거나 시민들 위에 군림할 때, 개혁
을 말하는 사람들을 무시할 때, 그 권력은 변화를 가로막고 스스
로의 존속 또한 어렵게 할 뿐입니다.

'국민총생산'보다 '국민총행복'

전 부탄 국왕인 직메 싱게 왕축은 정부의 궁극적인 목적은 국민들의 행복을 향상시키는 데 있다고 말했습니다. 국민총행복 GNH이 국민총생산GNP보다 중요하다는 그의 선언은 탐구해 볼만한 가치가 있는, 유망하고도 새로운 길입니다. 인간의 진보와 행복을 판단할 일종의 기준을 개발하고 그것이 작동되게 하려면 과학자와 경제학자, 수행자, 정부 지도자가 모두 합심해서 노력해야 합니다.

부탄이 직면한 핵심 문제의식은 정부가 어떤 유의 행복을 측정할 것인가입니다. 단순화시켜 말하자면, 주로 물질을 통해 얻게 되는 짧은 행복이 있는가 하면, 영적·문화적·사회적 경험을 통해 충족되며 긴 시간에 걸쳐 작용하는 행복도 있습니다. 짧거나 긴, 혹은 물질적이거나 정신적인 두 측면은 모두 우리를 행복으로 인도하는 부분들입니다. 문제는 물질적인 요구와 영적·문화적·사회적 요구의 균형을 맞추는 것입니다. 후자의 충족은 매우 개인적인 일입니다. 극장을 짓는다든가 예술 기금을 지원하는 식으로 이 영역에서 정부가 일정한 역할을 한다고 해도, 느끼는 만족은 사람에 따라 다릅니다.

국제적으로 인정되는 행복도 조사는 〈뉴 사이언티스트New Scientist〉 지誌와 미시간 대학 등에서 수행해 왔습니다. 이 조사의 비판자들은 조사가 너무 단순화되어 있어서 공공의 행복을 이해하는 데 필수적인 주요 측면을 포착하지 못한다고 지적합니다. 〈뉴 사이언티스트〉의 연구에 따르면, 지구상에서 가장 행복한 사람들은 나이지리아인들이며 멕시코인들과 베네수엘라인들이 그 뒤를 이어 2위를 차지한다고 합니다. 러시아, 아르메니아, 루마니아는 가장 하위에 속했습니다. 미국은 16위였습니다. 돈이 행복을 창출하는 데 적어도 부분적인 역할은 하는 모양이지만, 확실히 유일한 요소는 아닌가 봅니다. 이 점은 다른 연구에서도 입증되어 왔습니다.

부탄은 국민들의 행복이 국제 비교 연구에서 몇 위를 차지할지 관심을 기울여야 할까요? 아니면 국제 행복 순위에 상관없이 국민들이 행복한지 아닌지에만 신경을 써야 할까요? 국제 행복 순위에 사로잡히는 것은 남에게 뒤지지 않으려는 잘못된 노력이 될 수도 있습니다. 불교의 관점은 남과 비교하지 않는 주관적인 행복에 훨씬 강조점을 둡니다.

국민총행복을 수량화할 방법을 개발하면 국가가 그것이 증가하고 있는지 저하되고 있는지를 알아내는 데는 도움이 되겠지요. 그러나 국민총행복이 해당 연도에 얼마나, 몇 퍼센트 증가했다는 게 무슨 의미가 있습니까? 중요한 것은 오직 '국민들이 행복한지 그렇지 못한지'를 아는 것입니다.

여기 몇 가지 잠재적인 행복의 지표들이 있습니다.

- 신뢰, 사회자본, 문화 연속성, 사회적 결속력의 정도
- 영성 계발 및 감성적 지력의 일반적 수준
- 기본 욕구가 충족된 정도
- 의료 및 교육 서비스에 대한 접근성 및 수혜가능성
- 종種 손실 및 획득, 오염, 환경 악화 등 환경의 온전성 정도

기초 의료 서비스, 교육, 안전한 식수 등 기본 욕구가 충족된 정도는 측정하기가 쉽습니다. 그러나 행복에 기여하기는 마찬가지라도 가시적으로 드러나지 않는 내면적 욕구들은 측정하기가 어렵습니다.

특별한 방해가 없다면, 자연은 반드시 상호 협동의 방식으로 작동합니다. 우리 인간도 자연 질서의 일부일 뿐 지배자가 아님

을 자각한다면, 같은 방식으로 움직여 나갈 수 있습니다. 이런 식의 협응력을 길러 자연과 가까이 지내는 것이 행복한 삶의 토대입니다.

부탄에서는 오랫동안 자연환경이 우선적으로 고려돼 왔습니다. 국토의 60퍼센트가 산림 보호구역이며, 26퍼센트는 토지 보호구역입니다. 국민들과 국가가 환경에 이만큼 신경을 쓴다면, 국민총행복 계산에 환경 온전성 측정을 포함하는 게 이치에 맞습니다. 토지보호구역의 비중을 시작점으로 하여, 오염도나 멸종의 정도처럼 환경의 질적 손상을 측정하는 방법들도 마련해야 합니다.

현재 부탄에서 국민총행복은 정확히 측정해야 하는 어떤 것이 아니라, 그것을 향해 나아가야 하는 이상적인 무엇입니다. 일단 부탄에서 '국민총행복'이라는 지표가 성공적으로 작동한다면, 다른 나라들도 그것을 따르리라고 생각합니다. 열쇠는 물론 해방의 정도를 올바르게 측정할 지표를 만드는 것입니다.

해와 달과 별들이 제 갈 길을 가듯이

나는 급진적인 보수주의자입니다. 나는 정의와, 국민의 힘과, 뜻이 분명하고 올곧은 지도자의 가치를 믿습니다. 지도자의 사명은 불교 경전에 나오는 다음의 노래에 잘 드러나 있습니다.

왕이 공명정대하면 관리들도 공명정대하다네.
관리들이 올바르면 백성들도 올바르다네.
마치 해와 달과 하늘의 무수한 별들이 흐트러짐 없이 제 갈 길을 가는 것과 같네.
낮이 가고 밤이 가고, 보름이 흐르고 한 달이 흐르고, 계절이 바뀌고 해가 바뀌고, 때가 되면 바람이 부네.
곡식이 무르익으면 사람들은 건강하게 장수를 누리며 병 없이 살아가리.

6장
진정한 변화

개인의 해방과 사회적 해방은 동전의 양면

정치와 경제 제도를 다시 구축하는 것만으로는 해방을 이룰 수 없습니다. 개인의 변화가 우선입니다. 그 사회를 구성하는 개인들이 평화로울 때에만 그 사회에 평화가 자리 잡습니다. 탐·진·치가 우리의 개인사를 점령하고 있다면 우리 사회의 제도 역시 그것들에 점유당해 사회 변화가 어려워질 것입니다. 진정한 변화는 우리 자신을 어떻게 다스릴지에 달렸습니다.

나는 지금 사회 활동을 배제하고 내면의 일에만 집중하자고 말하는 게 아닙니다. 잘못된 행위를 허용하는 제도를 받아들이면, 결국 그 잘못된 행위를 받아들인다는 의미가 되겠지요. 개인의 해방과 사회적 해방은 동전의 양면입니다. 우리는 억압적인 사회제도와 맞서는 동시에 스스로를 일구어야 합니다. 그래야 현 상황을 유지하고자 하는 사람들의 저항이나 심지어 보복에 맞닥뜨린다 해도, 내가 깨어있음으로 인해 위험을 인식하고 문제의 발발을 피하며 적을 용서할 수 있습니다.

1990년 버마에서 아웅산 수치가 이끄는 정당인 민주주의민족

동맹National League for Democracy이 압도적인 차이로 득표하며 승리했을 때, 군사정부는 권력이양을 거부했습니다. 대신 그들은 아웅산 수치를 가택연금 시키고는 그 지지자들을 무자비하게 탄압했습니다. 그녀는 자신의 저작 《두려움으로부터의 자유》에서 그날 이후 어떻게 독재에 맞서 비폭력적으로 싸워왔는지 설명합니다. 말하자면, 억압받는 사람뿐 아니라 억압하는 사람에게까지 연민을 확대하며 매일 자비를 명상했다는 겁니다.

몇 년 전 나는 티벳에 거대 댐을 건설하려는 계획에 반대하기 위해 워싱턴 D.C.에 있는 세계은행 본부를 지나 중국 대사관까지 행진하는 시위에 참가했습니다. 중국은 사업진행을 위해 세계은행의 재정지원을 기대하고 있었지요. 시위에 힘입어, 우리는 사회와 환경에 파괴적인 영향을 미칠 이 사업에 세계은행이 지원을 하지 않게끔 설득해낼 수 있었습니다. 함께 시위에 참가했던 70대의 티벳 스님은 중국 정부에 의해 18년 동안 수감되어 고문을 당했었다고 내게 말해주었습니다. 석방 후 그는 인도로 탈출하여 달라이 라마 성하를 만났습니다. 달라이 라마는 그때 그가 두려웠는지 물었고, 이에 그는 고통이나 죽음을 두려워한 적은 없으나 그를 고문한 사람들에 대한 연민을 잃을까 두려워한 적은 있노라고 고백했답니다. 그는 그에게 고통을 안겨주는 사람들을 적으로 여기지 않고, 다만 자기의 임무를 수행할 수밖에 없는 한 인간으로 보았습니다.

달라이 라마는 내면의 평화를 일궈 나가는 동시에 억압에 맞서 싸우는 사람들의 본보기입니다. 그는 자국민이 중국의 통치 아래 겪는 심대한 고통을 목격해 왔지만, 그럼에도 행복하고 단순하게 살아가고 있습니다. 나는 언젠가 티벳이 중국의 지배에서 벗어날 것이며, 아웅산 수치의 도덕적 용기가 버마 국민들을 자유케 하리라고 굳게 믿습니다.[*]

---

* 저자는 2017년 4월 한국에서 있었던 강연에서 아웅산 수치가 정권을 잡은 후, 기대했던 바와 달리 자신만 생각하고 정치적으로 타협하며, 로힝야 족 문제를 방관한다고 비판하였다.

우리는 모두 상호 의존하는 존재들

불교의 계율은 계명이 아닙니다. 불교의 계율은 자기 교화의 수련이자, 스스로 책임지는 강제 없는 의무입니다. 그것은 자연과 문화, 정치, 역사에 영향 받으며 불교도 자신 안에서 저절로 만들어지고 존재할 뿐, 초월적인 개입으로 주어진 것이 아닙니다. 우리 모두에게 공통된 인간성의 기본은 상호의존성입니다. 불교에서 말하는 무아無我는 우리 안에 있는 어떤 불명확성을 암시합니다. 우리가 불완전한 존재임을 깨달을 때 윤리가 성립됩니다. 인간의 연약성이 윤리적 관계의 전제입니다. 명상을 하면, 더 이상 약육강식이 아닌 친절과 환대 쪽으로 마음 작용이 변해갑니다. 자기만의 성곽을 쌓아올려서는 결코 문제를 해결하지 못합니다. 항상 '우리'를 염두에 두어야 합니다. 우리의 적은 내 안에 있는 탐·진·치뿐입니다. 외부의 적은 기본적으로 자기 내부에 있는 두려움의 투사입니다. 우리는 서로 의지하며 살아가는 존재들입니다.

상호의존성이라는 관점을 유지하기가 어려울 때, 붓다는 다음의 네 가지 '측량할 수 없는 사랑의 마음四無量心'에 집중해 보라고 권유합니다.

자무량심慈無量心 : 모두의 안녕과 행복을 바라는 마음

비무량심悲無量心 : 모두가 고통에서 벗어나기를 바라는 마음

희무량심喜無量心 : 타인의 번영을 함께 기뻐하며 더 잘되기를
　　　　　　　　　　바라는 마음

사무량심捨無量心 : 모든 존재를 평등하게 인식하는 마음

불평등, 갈등, 그리고 폭력

전 세계 인구의 4분의 1이 산업화된 북반구에 살면서 세계 식량의 60퍼센트, 목재의 85퍼센트, 에너지의 70퍼센트를 소비합니다. 반면 10억 이상의 사람들이 남반구 농경지대에서 생존에 필요한 필수품조차 없이 절대 빈곤 속에 살아갑니다. 북반구와 남반구에서 계급·계층 간, 성별 간 격차는 점점 심화되고 있습니다. 전 세계 극빈자 중에는 여성들과 아이들이 유독 많습니다.

개발은 현대적 형태의 식민주의입니다. 우리는 저개발국이니 개발도상국이니 선진국이니 하는 말들을 옛 식민주의자들이 도입한 줄도 모르고 그냥 받아들입니다. 새롭게 등장한 '세계화'라는 용어는 더 나쁩니다. 이제 경계는 유럽 대 아시아가 아니라 부자 대 빈자, 북반구 대 남반구로 나뉘어져 있습니다. 북반구는 공산품과 군 장비를 판매하거나 군사 훈련을 제공하는 등 이윤 창출을 위한 투자로 남반구에 영향을 미칩니다. 남반구는 자연 자원과 값싼 노동력으로 그것을 갚습니다. 소규모 지역농들은 농사에 반드시 필요한 것들을 갖추느라 상상도 못할 비싼 이자를 치르며, 생산한 농산물을 턱없이 불리한 가격을 받고 판매합니다. 남반구에 있는 나라들은 고유의 문화와 자주권을 잃고, 환경파괴와 빈곤, 기아, 이주, 그리고 도시 빈민가의 확대로 고통받습니다. 그러는 동안 부자들과 가난한 사람들 간의 격차는 계속 확대됩니다.

북반구 역시 사정이 그다지 좋지 못합니다. 사람들은 소비주의, 대중문화, 약물에 중독되어 있습니다. 그들은 오염과 환경파괴, 근본가치의 상실로 고통 받습니다. 도시인들은 증가하는 범죄와 빈곤, 노숙에 직면합니다. 이미 과도한 기업의 힘이 더욱 커짐에 따라 노동자들은 과중한 업무에 시달립니다. 개인은 삶의 의미와 평화를 잃었습니다.

국제인권조약을 준수하는 일이 권위적인 정부, 혹은 심지어 민주주의를 한다고 주장하는 정부들의 기회주의 때문에 손상되어서는 안 됩니다. 세계적 발전 모델은 생명 존중을 표방하지만, 실상은 생명에 어떤 의미도 부여하지 않습니다. 그들은 진정한 평화로 가는 길을 가로막은 채 사람들을 행복하게 만들자고 말합니다. 근대화 및 서구화가 가져온 물질적 이득은 공평하게 분배되지 않았습니다. 산업 자본주의는 정복과 속박, 채무라는 폭력 위에 세워졌습니다. 착취는 불공정 무역, 구조조정, 제3세계 부채 등으로 형태를 바꾸며 계속됩니다. 이런 식의 정책은 산업화된 북반구와 착취당하는 남반구 간의 차이를 심화시킵니다.

불평등과 착취는 갈등을 유발합니다. 우리가 민족적인 혹은 종교적인 갈등이라 생각했던 것들은 알고 보면 세계경제체제 사회구조에 뿌리내린 계급기반 갈등인 경우가 많습니다. 사회적 격차가 심화되면 사람들을 통제하기 위한 폭력적 진압이 뒤를 따릅니다. 세계 경제는 지금껏 놀라울 정도로 군사화되어 왔습니다. 세계 주요국들은 어마어마한 무기를 생산하여 부유한 나라와 가난한 나라를 막론하고 모두에 판매합니다. 군수산업은 매년 지구상 인구 1인당 4톤에 해당하는 폭발물을 생산합니다. 국제안전보장회의 상임이사국인 미국, 영국, 프랑스, 러시아, 중국 5개국이 전 세계 무기의 85퍼센트 이상을 수출합니다.

이러한 무기의 확산은 세계를 일촉즉발의 불안한 상황으로 끌고 갑니다. 중동에서부터 중앙아메리카, 아프리카, 남아시아, 동유럽에 이르기까지 세계의 점점 더 많은 지역이 형식적인 질서조차 잃어가고 있습니다. 테러리즘이 전 세계로 퍼지면서 실종, 고문, 강간, 학살이 너무도 흔한 일이 되어버렸습니다. 사람들은 직장을 잃을까, 목숨을 잃을까, 가족을 잃을까 두려워 침묵합니다. 선진국에서는 가정과 학교, 거리에서의 폭력이 놀라울 정도로 증가하는 중이며, 그중 상당수는 이민자와 그 밖의 소수자들을 대상으로 합니다.

대안을 찾아 나서다

　기술과 자본은 불가분하게 결합돼 있습니다. 기술의 진보는
자본주의의 경쟁력과 성장을 좌우합니다. 기계화와 상업화 과
정은 동시에 진행됩니다. 지역의 생산자들이 자기 지역의 수요
보다는 세계 시장에 맞춰 생산할 수밖에 없게 되면서 자급경제
는 위태로워졌습니다. 열대림과 산호초들은 개발이라는 명목
하에 파괴되었습니다. 기업 영농과 제조업, 핵무기, 독성 폐기물
들이 토양과 공기, 물을 오염시킵니다. 댐 건설은 생태계를 파
괴하고, 거기 살던 사람들과 그들의 문화, 토착의 지혜 역시 덩
달아 파괴하였습니다. 근대화가 진행되면서 사람들 사이에 소
외, 불신, 공포가 팽배해졌고 그에 따라 사람들은 조작하고 통제
하기 쉬운 대상이 되었습니다. 기술 자본주의는 궁극적으로 비
논리적입니다. 그것은 지구상에 살아가는 생명들의 자연스러운
통합을 파괴하고 우리의 생존마저 위협합니다.

　전 세계 시역민들이 이에 대응하고 나섰습니다. 지역에 뿌리
박고 살아온 원주민들이 댐 건설에 반대하여 싸웁니다. 농민들
은 생명공학 기술에 반대하는 움직임을 시작했습니다. 어머니

와 아내들은 가족의 실종에 항의하고 있습니다. 나의 조국에서는 불교 승려들이 숲을 보호하기 위해 나무를 승려로 임명합니다. 인간성을 위협하는 도전들은 더 많은 기술과 시장, 관료주의로는 결코 풀리지 않습니다. 그것은 지혜와 자비에 의해서만 해결 가능합니다.

토착 원주민들에게 가장 중요한 일은 위엄과 신성神性을 가지고 자연과의 조화 속에서, 조상을 섬기고 공동체를 존중하며 미래 세대를 위해 헌신하며 살아가는 것입니다. 시암의 힐 족, 유럽의 로마* 족, 아메리카 원주민, 호주 원주민, 뉴질랜드 마오리족 등 토착 민족들은 우리에게 어떻게 하면 세계화라는 단일문화를 넘어 지역의 고유한 지혜에 닿을 수 있을지 가르쳐 줍니다.

우리는 전 세계에서 지역문화와 공동체 복원을 지향하는 많은 운동을 지원해야 합니다. 또 정부와 금융기관들이 양적인 기준에 편향되어 경제원조 사업을 진행하고 평가하는 것에 의문

---

* 로마Roma : '집시'의 다른 말. 9세기부터 인도 북부에서 다른 지역으로 이동한 유랑민족으로, 루마니아, 불가리아 등 주로 중·동부 유럽에 흩어져 산다. 집시라는 말은 이들이 이집트에서 왔다고 잘못 안 영국인들이 이집트인이라 부른 데서 유래했다. 이들은 스스로를 순례자라는 뜻의 '로마'라고 칭하며, 1995년 유럽의회도 이 용어를 공식 승인하여 UN을 비롯한 국제기구에서는 로마라는 명칭을 사용한다.

을 제기해야 합니다. 영아 사망률, 기대 수명, 문맹률, 소비 증가율에만 매달릴 때, 우리는 인간 조건의 다양성과 복잡성을 잊어버리고 대다수 서구인과 제3세계 지식인의 세계관인 무한성장을 추구하게 됩니다. 공동체 경제와 물물교환을 중시하는 인류의 또 다른 부류에게 성장은 순환하며 이루어지지, 직선으로 뻗어나가지 않습니다.

시암 북동부의 팍문 공동체는 몇백 년 동안 불교와 조상의 문화를 따라 논농사를 짓고 낚시를 하며 문 강江과 더불어 조화롭게 살았습니다. 자립적이고 위엄이 있었지요. 그런데 세계은행은 이들이 소외돼 있으며 빈곤 위기에 처했다고 결론 내렸습니다. 그러고는 그들을 돕겠다고 타이 정부의 팍문 댐 건설 자금을 지원하였습니다. 그 과정에서 세계은행과 정부는 마을 주민의 삶의 방식을 파괴하였습니다.

세계은행은 이제 거대 댐 건설이 파괴적인 결과를 가져올 수 있음을 인정하고, 사람들의 고충에 귀 기울이고 나섰습니다. 세계은행 직원이 전 세계를 여행하며 6만 명 이상의 가난한 사람들과 인터뷰한 결과를 《가난한 자들의 목소리》라는 두 권의 책으로 출간하기도 했습니다.

국제참여불교연대의 창립

아시아의 어떤 지도자들은 인권이란 서구의 발명품이라며, 양심의 가책 없이 국민들을 함부로 다루고 탄압합니다. 사실 인권이라는 개념은 서구 제국주의에 저항하는 과정에서 생겨났습니다. 인권은 서양적인 만큼 동양적이고, 북반구에서만큼 남반구에서도 중요합니다. 우리가 인권이라 부르는 것의 요소들은 붓다의 가르침과 무슬림 지식인 찬드라 무자파의 저작에서 찾아볼 수 있습니다.

불교에서 인권이란 연민에 바탕한 상호연결의 관점에서 '나'와 동시에 '우리'를 배려함을 의미합니다. 미얀마의 우 레와타 담마 스님은 이렇게 설명했습니다.

권리를 서구의 발명품인 양 묘사하면 권리와 책임 및 윤리규범과의 관계를 이해할 수 없게 된다. 모든 사회의 중심 가치는 똑같다. 모든 윤리체계는 사람들에게 서로 사랑하라고 가르치며 살생이나 폭력에 대해서는 경고를 보낸다. 인권의 보편성과 불가분성은 그러므로 자연 상태 그대로 발생하는 상호책임의 보편성과 불가분성을 반영

한 것으로 이해할 수 있다.

20년 전 우리 중 몇몇은 현대 세계에서 불교가 적절한 역할을 해내기 위해 조직을 창설할 필요가 있다고 느꼈습니다. 나는 그 것이 어떤 특정한 문화, 학파, 국가에 한정되지 않는다는 의미에서 소문자 b를 쓰는 불교buddhism라고 부릅니다. 사회참여불교 운동은 아시아에서, 나아가 아시아를 넘어, 불교 해방 운동을 창출하려는 의도에서 시작되었습니다. 국제참여불교연대INEB는 1989년 이런 목적 하에 창립되었습니다. 이 시대 아시아 불교인들에게 주어진 도전과제는 21세기에 걸맞은 방법으로 붓다의 가르침을 전파하는 것입니다. 많은 불교인들이 어떤 평화 운동에 있어서도 핵심인, 내면의 평화를 가르치는 데는 숙련이 돼 있습니다.

탈식민주의 세계를 사는 우리는 어떻게 하면 서구화되지 않으면서 근대화할 수 있을지 고민할 필요가 있습니다. 개발의 맥락에서 근대성을 수용하는 것은 종종 제국주의와 손잡는 일이 됩니다. 그런 식으로 근대화를 추구하는 사람들은 자기도 모르게 자신의 문화 및 터전과 이질화될 위협에 맞닥뜨리게 됩니다. 서양인도 백인도 아닌 많은 인류에게 이 점은 반드시 짚고 넘어가야 할 문제입니다.

세계의 미래는 모든 존재의 평화 위에

지속적인 경제성장과 기술진보를 통해 인간해방을 이루겠다는 자본주의의 약속은 불가능한 것으로 판명 났습니다. 어떤 경제도 영원히 성장할 수 없습니다. 기술진보는 무한하지 않습니다. 자본주의는 부의 무한 증가를 전제합니다만, 실상은 경제가 성장할수록 소득격차 역시 확대됩니다.

놈 촘스키의 연구에 따르면 뉴욕시에 거주하는 미 흑인 청소년 중 거의 60퍼센트가 제대로 된 경제적·교육적 기회를 얻지 못하며, 가장 기초적인 사회보장조차 받지 못합니다. 그들이 겪는 곤경은 방글라데시 국민들이 겪는 것과 크게 다르지 않습니다. BBC는 런던에 사는 빈곤 가정 어린이들의 생활 조건이 19세기 디킨스 소설의 묘사와 비슷한 수준이라고 보도한 바 있습니다.

2차 세계대전 후, 영국은 노동당 정부 아래서 복지 국가를 건설했습니다. 지식인, 작가, 학자, 활동가들이 민중 속에 들어가 가난하고 소외된 사람들의 고통을 체험했기 때문에 영국 땅에 사회주의가 뿌리 내릴 수 있었습니다. 그들은 통일전선을 형성하여, 전체주의가 아닌 사회주의적 맥락에서 자본주의를 길들였습니다. 40년 후 대처 총리는 그 성과의 대부분을 무위로 만들어 버렸습니다.

미얀마가 세계 자본주의에 국가를 개방한 1988년 이전, 그곳의 시골은 오염이라고는 없는, 초록이 우거진 깨끗한 곳이었습니다. 그러나 개방 이후 자연환경은 심각한 수준으로 훼손되었습니다. 군부는 숲을 파괴했을 뿐 아니라 거기 살아가는 많은 사람들까지 학살하였습니다.

중국과 베트남, 옛 소련은 사회주의를 표방했지만 실상은 전체주의를 시행했습니다. 국가가 마련한 복지 정책은 이들 나라에 사는 가난한 사람들의 고충을 어느 정도 완화시켰으나, 불행하게도 공산당은 물질적인 충족에만 관심이 있었지 사람들의 자립의지는 오히려 빼앗아버렸습니다. 이들 나라에서는 당 간부는 물론이고 전체 국민이 사회주의 규약을 앵무새처럼 외우도록 되어있었지만, 전체주의의 장악력이 약해지자 순식간에 자본주의가 이들 나라를 휩쓸어 버렸습니다.

반면 인도 남부의 케랄라 주는 지난 반세기 동안 공산주의 정부가 통치한 곳입니다. 1인당 GDP를 기준으로 보면 케랄라 주민들은 가난한 축에 들어갈 겁니다. 그러나 케랄라는 사실상 완전고용을 실현한 곳입니다. 그곳의 농부 대다수는 자기 가족이 먹을 농사를 짓고 남는 것만 판매를 합니다. 주 정부의 사회복지 프로그램은 극빈층과 소외집단을 완전히 포괄합니다. 경제적으로는 비록 넉넉지 않지만 케랄라의 문맹률은 미국보다 훨씬 낮고, 지역 정치는 매우 민주적입니다.

라다크는 인도 잠무카슈미르 주에 속하는 작은 지역입니다. 잠무카슈미르 주의 정치와 경제는 이슬람교도들이 장악하고 있으나, 라다크 주민들은 대부분 불교도입니다. 라다크 주민들은 물질적으로는 비록 가난하지만 자립적이고 위엄이 있으며 자기 문화를 자랑스럽게 여깁니다. 또 만족을 알고 너그러우며 깨어 있습니다. 그들은 모든 지각 있는 존재와의 조화를 중시하며, 더 나아가 환경과도 조화를 이루는 평화로운 삶을 살아갑니다.

자본주의가 모든 문제를 해결해줄 것이라는 자본주의 해방신화에 기대서는 미래에 대한 지속가능한 비전이 나올 수 없습니다. 미래는 전통의 지혜와 문화 위에서 건설되어야 합니다. 미래는 뉴욕이나 런던이 아니라, 시암과 라다크, 케랄라처럼 풀뿌리 운동이 벌어지는 공동체 속에 있습니다.

세계의 미래는 모든 존재의 평화와 비폭력, 정의의 원리 위에 세워지리라는, 즉 상호연관성 위에 건설되리라는 전망을 가져야만 합니다. 세계의 미래는 진정한 만족을 갈망하는 모든 인간의 마음속에 있습니다. 우리가 자립과 자기 존중을 익히고 자기 문화를 자랑스러워하며, 겸손하고 소박하고 관대하며 항상 깨어있을 때 진실한 발전과 번영이 있습니다. 조금 덜 자기중심적인 방향으로 우리의 의식을 재구성할 때 사회 역시 억압과 착취에서 자유로운 방향으로 재구성됩니다.

붓다는 뜻을 같이 하는 친구야말로 해방의 가장 중요한 외적 요소라고 했습니다. 우리에게는 스스로를 계발하도록 돕고 우리 사회를 평화와 정의의 방향으로 함께 끌고 갈 좋은 친구가 필요합니다.

나의 전통만이 최고라고 생각해서는 안 됩니다. 모든 전통과 관습을 배우고 존중해야 합니다. 열린 마음을 가질 때 배움의 기회와 가능성이 커지며, 다른 전통과 종교를 가진 친구들, 더 나아가 불가지론자나 무신론자들과도 협력할 수 있습니다. 모든 인간은 영적 존재입니다. 전 세계 사람들이 서로를 존중한다면 그것만으로도 탐·진·치를 극복하는 강력한 도덕적 힘을 발휘할 것입니다.

진정한 지혜는 머리와 함께 가슴에서 나옵니다. 진정한 지혜는 우리의 한계를 알게 하고 사랑과 연민을 낳습니다. 우리가 자신의 고통과 더불어 타인의 고통에 세심히 귀 기울일 때, 순간순간 호흡에 깨어 있을 때 평화와 행복이 일어나며 이 평화를 다른 이와 함께 나눌 수 있습니다. 이것이 진정한 변화의 시작입니다.

7장
변화하는 세계와 불교

2차 세계대전이 끝난 후로 가진 자와 갖지 못한 자 간의 격차는 점점 벌어졌습니다. 전후 마셜 플랜*의 개시와 함께 개발도상국의 발전을 목표로 선진국의 인적·물적 자원이 개발도상국에 유입되기도 했지만, 시간이 흐르면서 힘 있는 나라들은 UN에서 약소국들이 영향력을 가지는 데 불만을 품게 되었지요. 이제는 5개 상임이사국이 안전보장이사회의 거부권을 너무 자주 행사하는 바람에, UN이 민주적인 토론의 장 비슷한 것으로도 기능하기가 어려울 지경입니다.

마셜 플랜의 기조에 따라 북반구에서 남반구로 자본과 기술이 대량 이전할 것이라는, 1950~60년대를 들뜨게 했던 원대한 희망은 실현되지 않았습니다. '제1차 UN개발 10년'** 출발을 둘러싸고 일어났던 열광도 사그라들었습니다. 경제적 힘이 경

---

* 마셜 플랜Marshall Plan : 제2차 세계대전 후 1947년부터 1951년까지 시행된 서유럽 16개국에 대한 미국의 대외원조계획. 정식 명칭은 유럽부흥계획European Recovery Program. ERP이나, 미 국무장관 마셜George C. Marshall이 처음 공식 제안하였으므로 흔히 마셜 플랜이라고 한다.

제 자체에만 내맡겨질 때, 불평등은 증가되는 경향이 있습니다. 자국 내에서 약자를 보호하고 정의구현에 힘쓰는 나라들이 자유와 정의, 관용, 자비에 근거한 국제질서를 세우는 데는 미적지근한 태도를 보였습니다. 자명한 이치라 여겼던 전 인류의 연대는 배타적 국가주의와 냉전으로 대체되었습니다.

매일 수만 명의 사람들이 먹을 것이 남아도는 세상에서 굶어 죽습니다. 국제경제체제는 소수의 운 좋은 사람들에게만 이윤을 안겨 주었을 뿐, 갈수록 많은 사람들이 빈곤으로 내몰립니다. 세계 인구의 20퍼센트에 해당하는 사람들이 전 세계 부의 80퍼센트 이상을 좌지우지합니다. 소수의 안락을 위해 나머지 사람들은 기초적 요구마저 박탈당합니다. 북반구 국가들 및 다국적

** UN개발 10년UN Development Decade : 케네디 미국 대통령의 제안으로 1961년 제16회 유엔총회에서 1960년대를 'UN 개발 10년'으로 선언하고, 그 후 10년마다 국제개발전략으로서 개발목표를 설정하였다. '제1차 UN개발 10년'에 해당하는 1960년대는 국제사회가 개발도상국의 개발을 위한 협력에 나서야 한다는 데 인식을 같이 하고 남·북반구간 격차 시정을 기본 방향으로 하였다. 개도국 GNP의 실질성장률 5퍼센트 상승, 천연자원 개발로 외국자본이 얻은 수익의 공평한 분배, 개도국의 경제자립을 촉진키 위한 공업화 진행 등이 목표로 제시되었다. 이 기간 개도국의 경제성장률은 6퍼센트에 달했으나 선진국의 성장률은 이를 훨씬 상회해 두 그룹 간의 격차는 더욱 심화되었다. 1970-80년대에도 '제2, 3차 UN개발 10년'이 진행되었으나 석유파동 및 이어진 세계경제 불황으로 큰 효과를 거두지는 못하였다.

기업, 그리고 세계은행, IMF, WTO 같은 국제기구들에 의해 좌우되는 세계화의 경제적 힘은 수백만을 빈곤으로 몰아넣었을 뿐 아니라, 폭력이 자라날 증오의 토양을 만들어냈습니다.

서구 선진 자본주의 국가의 지도자들은 세계은행 같은 기구들을 구성하고는 그것이 합리적인 역할을 하리라고 믿습니다. 그러나 이 기구들은 세계의 대다수를 차지하는 사람들에 대한 생래적 편견을 품고 있습니다. 누구나 자기 방식의 발전을 추구할 권리가 있습니다. 비록 내가 옳다고 깊이 믿는 것일지라도, 나의 세계관을 다른 이들에게 강요할 때 그것은 곧 구조적 폭력이 됩니다.

금융위기 발생 직후인 2009년 2월, 전 세계은행 수석 이코노미스트였던 조지프 스티글리츠는 한 인터뷰에서 이렇게 말했습니다. "세계화는 자유롭고 구속 없는 시장이라는 모델을 향하여 달려왔다. 그러나 그러한 탈규제 모델은 실패했다. 미국은 바로 그런 사고방식 때문에 오늘날과 같은 문제에 봉착한 것이다."

붓다의 가르침은 세계의 고통을 감소시킬 수 있는 많은 방법을 전합니다. 나는 지난 50 여 년 간 미래에 씨앗이 될 사업의 설립과 정착을 도왔습니다. 각각의 사업은 모두 물질 뿐 아니라 정신적 측면도 지니고 있었지요. 그 사업들에는 사성제의 가르침이 적용되었고, 그들은 사회적 조건에 사성제의 지혜를 적용함으로써 정의와 평화, 생태적 균형을 끌어낼 수 있음을 보여주었습니다.

정치적 측면에서 볼 때 알아차림은 우리가 하는 일이 소비주의, 성차별, 군국주의 등 삶의 진실성을 해치는 많은 주장과 편견들에 맞서도록 해줍니다. 또한 우리가 사회와 국가, 나아가 문화 및 종교적 전통을 생산적으로 비판하도록 해줍니다. 억압자를 미워하기보다는 억압적인 체제를 해체해야 합니다. 무한성장을 요구하는 국제경제체제는 애초부터 결함이 있는 것일까요? 불교적 관점에서 볼 때, 대답은 '그렇다'입니다.

불교의 관점에서 번영이란 자립과 위엄을 갖추고 자기 문화를 자랑스럽게 여기는 것, 만족을 알고 너그러우며 깨어있는 것입니다. 불교에서 소득과 부는 번영을 재는 척도가 아닙니다. 불교는 모든 지각 있는 존재와 조화를 이루는, 더 나아가 환경과도 조화롭게 연결된 평화로운 삶에 가치를 둡니다. 감각적 탐닉에 빠지지 않고, 생각과 말, 행동을 남용하지 않습니다. 소비주의는 생물권生物圈을 위험에 빠뜨리고, 인간 삶의 질보다는 이윤에 관심이 많은 다국적기업에 힘을 실어줍니다. 우리는 부를 창출하고 사용하는 방식에 깨어있어야 합니다.

평등은 모두가 똑같다는 의미가 아닙니다. 어떤 사람들은 다른 이들보다 더 많이 필요로 하기도 합니다. 예컨대 아픈 사람은 건강한 사람보다 더 많은 자원을 필요로 합니다. 평등은 중산층과 빈곤층이 부유하고 힘 있는 사람이 되려고 애쓰는 과정으로 비춰지곤 합니다만, 한편으로는 부자들이 좀 더 소박하게 살며 그들의 부를 타인과 나누는 과정이기도 합니다.

도반은 신성한 삶의 전부

/

《작은 것이 아름답다》에서 슈마허는 말합니다. "불교경제학의 핵심은 단순성과 비폭력이다." 슈마허는 불교경제학을 사람들이 권력을 나누고, 자연을 존중하며, 서로 돕는 것이라 묘사합니다. 그는 과도한 성장, 특히 인간을 이롭게 하기보다 통제하기가 십상인 기계류의 과도 성장을 경계합니다.

서구는 크리스토퍼 콜럼버스가 아메리카를 발견했다고 주장한 그 해, 자신의 뿌리에서 떨어져 나갔습니다. 수천 년간 그 땅에 살아왔던 사람들보다 자신들이 우월하다고 주장한 순간, 그들은 뒤돌아보기를 멈추고 앞만 보기 시작했습니다. 뿌리의 결핍으로 인해 그들은 발견에 더욱 열을 올렸고, 모순적이게도 노동력 절감장치와 실업을 동시에 창조해냅니다.

19세기 미국의 시인이었던 월트 휘트먼은 말했습니다. "나는 크다. 나는 다수를 품고 있다."
나는 단지 타이인이 아닙니다. 내 아버지의 조상은 중국에서 왔습니다. 나의 기반인 불교는 인도와 스리랑카에서 왔습니다.

나는 영국에서 대학을 다녔고, 미국과 캐나다에서 가르쳤으며, 전 세계에 친구들이 있습니다. 이러한 각각의 유산이 모두 내 안에 있습니다. 붓다는 도반이 '신성한 삶의 전부'라고 가르쳤습니다. 좋은 친구는 우리를 격려하고 비판합니다.

사람들은 내게 전 세계를 다니며 회의에 참석하느라 시간을 낭비하는 건 아닌지 묻습니다. 나는 회의에서 회의로 비행기를 타고 다니느라 많은 연료를 사용합니다. 제공받는 음식이 입에 맞지 않아 고생하기도 합니다. 어떨 때는 너무 많은 종이를 써서 나무를 낭비하기도 합니다. 그러나 권력자들을 포함해서 사람들과 많은 이야기를 나눌수록 결국 경청에 이를 가능성이 큽니다. 성공회 대주교나 세계은행 총재와 대화를 나눈다고 해서 하룻밤에 어떤 변화가 일어나지는 않겠지만, 그들이 귀를 기울인다는 것만으로도 좋은 신호입니다. 팔리어에서 '자비'에 해당하는 말은 메타metta인데, 그 어원은 '친구'입니다. 불교의 통찰력과 연민은 우정에 기반을 둡니다. 슈마허는 우리에게 이렇듯 '인간 중심의' 경제학을 실천하라고 말합니다.

실천하는 정신 : 나로부터 사회로

불교의 창시자는 오늘날의 네팔에 해당하는 인도 북부의 작은 나라 왕자였습니다. 그는 삶과 고통, 죽음의 문제로 고뇌하며 그것들을 해결하기 위해 6년을 보냈습니다. 붓다의 통찰은 이러한 내면 탐구의 결과였습니다. 결국 그는 인류의 아픔을 치료하는 의사가 되었습니다.

불교는 붓다의 평화를 얻은 개인들을 통하여 사회의 삶으로 들어갑니다. 이 개인들은 무위, 즉 애쓰지 않아도 존재 자체가 사랑으로 가득 차 있는 상태를 훈련합니다. 숲에서 평생을 보내는 명상 스승들도 있지만 어떤 이들은 세상에서 활동하기도 합니다. 프락크루 사콘 스님이 바로 그런 예입니다. 그의 활동지였던, 방콕 근처 사뭇 사콘은 종종 바닷물이 밀려들어와 논농사를 짓기가 어려운 곳입니다.

프락크루 스님은 대부분 가난하고 문맹이며 농부인 지역민들을 도와 함께 제방과 운하와 도로를 만들었습니다. 그러고는 지역 농부들에게 코코넛 나무를 기르자고 제안했지요. 그들은 나무를 잘 길러내 좋은 수확물을 냈지만, 중간상인들은 코코넛을 낮은 가격에 거래하기를 고수했습니다. 그래서 그는 코코넛을 파는 대신 전통방식으로 코코넛 설탕을 만들자고 했습니다. 마침 근처 대학의 도움으로 지역개발 지원을 받았고, 지역 주민들은 시암 전역에 코코넛 설탕을 팔기 시작했습니다. 그 후로도 주민들에게 야자수를 키워 건축자재로 이용할 것과 허브를 심어 전통의학에 필요한 약재로 삼을 것을 권장하였습니다.

정치·경제적 각성은 개인의 행동에 영향을 미칩니다. 시암에서 코카콜라나 펩시콜라를 마시는 것은 단지 건강을 해치는 질 낮은 음식을 섭취하는 차원이 아니라, 착취라는 가치를 지지하는 것입니다. 펩시와 코카콜라는 광고를 통해 마을 주민들이 손님에게 빗물을 마시라고 내놓는 걸 부끄럽게 여기도록 만듭니다. 그들은 뭔가 병에 든 걸 대접해야 한다고 느낍니다. 그 한 병은 그들이 온종일 일해야 벌 수 있는 값입니다.

돌Dole 파인애플 회사는 시암까지 뻗어 들어와, 가난하지만 자부심이 있었던 농부들에게서 수천 에이커의 땅을 사들였습니다. 처음에 회사는 농부들이 한때 자신의 소유였던 땅에서 기른 작물에 대해 높은 값을 매겨주었습니다. 그러나 시간이 흐르면서 회사는 가격을 낮추었고 더 뒤에는 농부들이 그들의 종업원이 되었습니다. 시골에는 노동조합이 없습니다. 파업할 권리도 없이 농부들은 회사의 자비만 구하는 처지가 되었습니다.

서구에서 공부한 아시아 지식인들은 그간 개발모델 그 이상을 보지 못했습니다. 아마 그들은 대안모델에 위협을 느꼈을지도 모릅니다. 평등한 사회에 그들의 특권을 보장해줄 자리는 없을 테니까요. 어쨌든 지배적인 개발모델은 GNP와 GDP로 측정 가능한 경제성장을 기반으로 하는데, 이는 슈마허가 생각한 인간적 척도와는 반대 지점에 있습니다.

이러한 대형 개발 전략은 경제만 살리면 삶의 나머지 부분은 알아서 제자리를 잡을 것처럼 사람들을 오도해 왔습니다. 그로 인해 제3세계 국가들은 대규모 개발을 위한 거대 자금 조성에 발 벗고 나섰지만 그 결과 다국적 기업의 배만 불렸습니다. 개발의 이념에 취해 우리는 해외 전문가는 믿으면서 우리 스스로의 해결책은 간과하거나 심지어 멸시했습니다. 개발은 시골마을을 훼손하고 우리의 아름다운 땅을 상업지역으로 변질시켰습니다. 또 시골 사람들의 도시 이주를 가속화시켜 몇몇 도시는 세계에서 가장 살지 못할 곳이 되었습니다. 이제 간절하게 변화가 필요한 때입니다. 인간을 최우선에 두어야 할 때입니다.

변화하는 세계와 불교

8장

평화의 호흡

종교는 사회변혁의 중심이고, 사회변혁은 종교의 정수이다

우리에게는 프로그램과 조직과 정당과 전략이 차고도 넘칩니다. 그러나 우리는 아직도 고통과 불의를 줄이는 데는 행동만이, 특히 정치적 행동만이 주효하다고 믿습니다. 활동가들과 세속 지식인들은 그들 내면에서 부정적인 요소들이 작동하고 있음을 보지 못하고, 모든 악의가 상대방 혹은 시스템에 의해 발생한다고 생각하는 경향이 있습니다. 그들은 마치 사회공학으로 전 지구적 문제를 해결할 수 있고, 사회만 완전히 새롭게 건설하면 개인의 미덕은 저절로 습득될 것처럼 접근합니다.

한편 종교를 따르는 이들은 그와 반대되는 시각, 즉 사회변화는 먼저 개인과 정신의 변화를 요구하거나 최소한 개인과 사회 변화가 동시에 일어난다는 생각을 수천 년 간 지지해 왔습니다. 사회변화를 원하는 사람은 반드시 변화의 내적 차원을 이해해야만 합니다. 정신적 차원을 가치 있게 여기는 것이야말로 인간의 깊이를 드러내 보여줍니다. 종교적 경험에 대한 모든 묘사는 결국 '이기심 내려놓기'로 귀결됩니다.

개인에게 변화가 일어나면 그는 더 큰 도덕적 책임감을 갖게
됩니다. 사회변혁과 정신의 역할은 분리될 수 없습니다. 종교는
사회변혁의 중심이고, 사회변혁은 종교의 정수입니다.

외부와 차단된 환경 아래서는 개인의 한계를 극복할 수 없습니다. 우리는 사성제(고통의 존재, 고통의 원인, 고통의 소멸, 그리고 그것의 소멸에 이르는 길)를 사회활동에 정교하게 적용할 수 있습니다. 붓다의 가르침은 단지 개인의 구원을 넘어섭니다.

붓다는 악의 세 가지 뿌리가 탐(욕심)·진(증오)·치(무지)라고 가르쳤습니다. 이것을 알면 고통의 원인을 깨닫고, 어떻게 고통을 극복할지 알아내는 데 도움이 됩니다. 오늘날 우리의 욕심을 가장 잘 보여주는 형태는 소비주의입니다. 우리는 더 많이 소비함으로써 삶의 공허를 메우려 합니다. 사람들은 광고의 혀끝에 놀아나며, 그 결과 필연적으로 착취당합니다.

한편 권력에 대한 욕망은 증오의 한 형태입니다. 그것은 부당한 사회체제를 그대로 두라고 우리를 유혹합니다. 마지막으로 어리석음은 무엇보다 잘못된 교육으로 인해 빚어집니다. 학생들이 취직하는 데 필요한 기술만을 연마할 때, 우리 아이들이 오로지 TV와 컴퓨터 게임 속 가치에만 노출될 때, 어리석음이 자라납니다. 우리는 단지 기억하고 구분할 뿐, 비판적 사고는 개발하지 않습니다.

고통은 그것을 올바로 이해할 때 감소시킬 수 있습니다. 호흡 알아차리기로 시작되는 불교수행은 사회변혁에 참여할 것을 주장하는 나의 행동주의의 밑바탕입니다. 호흡을 알아차림으로써 알아차림이 확대되고, 알아차림으로써 혼자서는 문제를 해결할 수 없음을 깨닫습니다. 비판적인 자기인식을 통해, 행동이 효과를 거두려면 친구가 필요하다는 것을 알게 됩니다. 우리는 때로는 맞서고 때로는 대화해야 합니다. 만일 붓다께서 혼자만의 은둔 수행으로 돌아가, 사람들이 늙고 병드는 것은 안타까우나 그렇다고 해줄 수 있는 건 아무것도 없다고 말했다면, 세상에 불교라는 건 없을 겁니다. 우리는 공감과 연민의 마음으로 세계은행, 다국적기업, 정부, 거대기업에서 일하는 개인들과 대화해야 합니다. 불교는 맹목적인 신앙이 아니라 수행과 경험의 종교입니다. 우리 스스로 진리를 맛봐야 합니다.

심미적 만족과 정치적 실천은 서로 궤를 같이 하며 나아갑니다. 예술의 아름다움을 음미하는 것과 사회 · 정치적 목표를 이루기 위해 문화 · 예술을 활용하는 것은 별개가 아닙니다. 문화에는 국경선이 없습니다. 우리는 모든 문화가 저마다 가지고 있는 아름다움을 감상할 수 있습니다. 토착 지역민들은 단순하게 사는 법과 공동체와 더불어 즐거움을 누리는 방법을 잘 압니다. 우리는 다른 이들이나 환경에 해를 끼치지 않으면서 행복을 누릴 생활방식을 찾아야 합니다.

붓다는 깨달음이다

나는 미국이 캄보디아를 크메르 루즈의 손에, 나중에는 베트남의 처분에 넘기고 떠난 뒤, 크메르 난민촌에서 마하 고사난다 스님과 함께 일하는 영광을 누린 적이 있습니다. 그는 적대 당파 사이에 평화를 이루고자 노력 중이었습니다. 그것은 매우 어려운 일이었지만 그의 결의는 굳건했습니다. 그는 나를 초대하여 적대관계에 있던 크메르 승려와 일반인들 간에 화해 워크숍을 진행하도록 했습니다.

불교 사회는 모든 일을 장기적 안목으로 보는 경향이 있습니다. 시암에서는 웬만한 불행 앞에서는 거의 눈도 깜빡하지 않습니다. 이러한 태도는 업Karma을 믿는 사회에서는 흔한 일입니다. 이러한 관점은 인내심과 균형감을 길러줍니다. 불교 전통의 정수는 이기심을 극복하고 욕심을 너그러움으로, 미움을 사랑으로, 무지를 지혜로 전환시키는 것입니다.

'붓다'라는 단어의 어원은 '깨달음'입니다. 우리가 삶의 단순성과 겸허를 깨달을 때, 고통이 탐·진·치에서 비롯됨을 알게 될 때, 우리 의식은 재구성됩니다. 자기 자신과 타인에 대해 알아차리게 되고 자연스럽게 사회를 재구축하려 노력하게 됩니다. 개인 의식의 재구성과 사회 재구축은 상호보완적인 활동이며, 두 가지 모두 반드시 필요한 일입니다. 스리랑카의 사르보다야 슈라마다* 운동은 불교의 원리를 적용하여 먼저 개인을 일깨우고 그다음 마을과 국가, 나아가 궁극적으로는 모든 인류가 깨달아 과학기술을 올바르게 사용하며 자립 속에서 하나 되어 살아감을 목표로 합니다.

붓다는 소박하고 겸손한 수행자였습니다. 그의 가르침은 세상을 보는 특별한 방법을 제시해주며, 제대로 이해하고 수행하기만 하면 우리를 고결한 삶으로 이끌어줍니다. 마찬가지로 소

---

* 사르보다야 슈라마다나Sarvodaya Shramadana : 스리랑카 최대의 봉사 · 구호 조직이자, 주민 참여 기반 공동체 개발 운동. 사르보다야는 산스크리트어로 '모두의 깨달음'이라는 뜻이고, 슈라마다나는 자발적으로 시간, 자원, 생각, 노동을 공유함을 의미한다. 1958년 스리랑카 날란다 대학 교수였던 아리야라트네Ariyaratne 박사에 의해 처음 시작되었으며 불교가치와 불교원리에 따른 정신적 · 경제적 재건을 목적으로 한다. 기존의 봉사활동이나 구호사업이 외부에서 물질적 결핍을 채워주는 것이었다면, 사르보다야는 주민 스스로의 깨달음과 발전동기 부여에 초점을 둔다. 물질적 풍요를 넘어 참여자들의 영적 각성과 지역의 공동체성 회복, 자연과 공존하는 적정한 개발, 비폭력 정신의 발현, 지속가능성을 지향한다.

박한 수행자인 달라이 라마는 희망찬 미래를 창조하기 위해 자비와 지혜와 유연한 해결력으로 우리를 이끌고 있습니다. 붓다는 담마의 권위가 권력의 권위를 통제해야 하며 부와 권력을 가진 사람들, 특히 통치자들은 무엇보다 담마를 받들어 지키는 일을 최우선 과제로 삼아야 한다고 가르쳤습니다.

평화의 호흡

만일 붓다를 찾아가 우리가 처한 현대의 딜레마를 해결할 한 마디 처방을 물어본다면 그는 이렇게 대답할 것입니다. "나는 호흡한다, 고로 나는 존재한다." 호흡은 우리의 삶, 그리고 모든 살아있는 존재의 삶에 가장 중요한 요소입니다. 숨 쉬지 않으면 우리는 죽습니다. 호흡은 1년 365일 하루 24시간 밤낮으로 계속 됩니다.

나는 틱낫한 스님으로부터 '평화의 호흡' 훈련을 받은 이후 지 금까지 계속 수련해오고 있습니다.

숨을 들이쉬며 몸을 편안히 합니다.
숨을 내쉬며 미소 짓습니다.
현재의 순간에 머물며
지금 이 순간의 경이로움을 압니다.
들이쉴 때 들이쉬고 있음을 압니다.
내쉴 때, 들숨이 깊어지면 날숨이 길어짐을 압니다.
들이쉬며 고요해지고

내쉬며 편안해집니다.

들이쉴 때 미소 짓고

내쉴 때, 억눌려있던 모든 것들을 내보냅니다.

들이쉬며, 오직 현재 순간만이 있음을 압니다.

내쉬며, 이것이 경이로운 순간임을 압니다.

사마타Samatha라 불리는 이 방법은 우리가 고요함을 유지하도록 해줍니다. 이 단순한 과정을 숙달하면 이제 비판적으로 자기를 인식함과 동시에 자신을 너무 심각하게 받아들이지 않는 내면 통찰 명상을 수련할 준비가 됩니다. 이런 식으로, 자신과 세계에 대한 진정한 이해를 바탕으로 점차 이기심을 내려놓고 평화와 정의를 추구하기 시작합니다. 우리는 더 이상 욕심과 미움과 어리석음에 지배받지 않습니다.

자신의 호흡으로부터 시작하여 세계평화와 사회정의와 환경의 조화를 위해 명상합시다. 고요하게 들이쉬고 알아차리며 내쉽니다. 일단 내 안에 평화와 행복의 씨앗을 지니게 되면 이기적인 욕망은 줄어들고 의식이 재구성됩니다. 자기에 대한 집착에서 벗어나면 세상의 구조적 폭력을 이해하는 길로 나아가게 됩니다. 머리와 가슴이 하나가 되어 세상이 전체로, 나와 연결된 살아있는 존재로 가득 찬 곳으로 보입니다. 사랑으로써 이해를 확장시키고, 보다 평화로운 세상을 만들어 가게 됩니다.

나는 단순하게 살 것과 억압받는 자들을 위해 기꺼이 헌신할 것을 서원합니다. 부처님의 자비로, 또한 좋은 친구들의 도움으로 내가 세상의 고통을 줄이는 데 일익을 담당하기를, 그리하여 이곳이 모든 존재가 조화롭게 살아가는 건강한 터전이 되기를.

모든 존재가 행복하기를.
모든 존재가 고통에서 자유롭기를.
모든 존재가 평화 속에 살아가기를.

불교경제학

무엇이 우리를 행복하게 하는가

초판 1쇄 발행 2018년 5월 30일
초판 2쇄 발행 2019년 9월 30일

지은이 술락 시바락사
옮긴이 이정민
펴낸이 김정숙

편 집 이상옥 이정민 박형준 손명희
디자인 유성숙
마케팅 박영준

펴낸곳 정토출판
등 록 1996. 5.17 제22-1008호
주 소 06653 서울시 서초구 효령로 51길 7 (서초동)
전 화 02-587-8991
전 송 02-6442-8993
e-mail jungtobook@gmail.com
ISBN 979-11-87297-14-7 03220